Dieser Band enthält sechs russische Volksmärchen aus der Sammlung von A. N. Afanasjew. Dem Originaltext ist in Paralleldruck eine sehr wortgenaue Übersetzung beigegeben.

Der Prinz, der auszieht, seine verlorenen Schwestern zu suchen; das Mädchen, das von Stiefmutter und Stiefschwestern gepeinigt wird, aber endlich ein wunderbares Glück findet; der Menschenfresser, der eine geraubte Jungfrau gefangen hält; der Pechvogel, der einen mächtigen Schutzgeist als Gefährten gewinnt; das Hexenhaus im Walde, Tarnkappe und Tischleindeckdich, Zauberspiegel und Zauberflöte:

Alles das kommt in den russischen Märchen ebenso vor wie in den unseren – und wieder einmal lassen sich untergründige Verwandtschaften oder Bekanntschaften zwischen den Völkern erkennen, ahnen. – Aber was bei uns der König ist, ist hier der Zar. Und das neunmal neunte Reich ist noch viel weiter weg, und der Winter ist noch viel winterlicher als hierzulande. Und wie die Märchengestalten untereinander und die Märchenerzähler zu ihren Zuhörern reden: das ist gewiß nicht weniger herzlich und bedeutungsvoll als bei uns – aber manchmal etwas rauher, etwas munterer.

So lohnt sich die Lektüre des kleinen Bandes für jeden Märchenfreund und -sammler. Eigentlich zugedacht ist er aber denen, die Russisch lernen. Ihnen zuliebe hat der Herausgeber erstmals den russischen Text Wort für Wort mit Betonungszeichen versehen.

dtv zweisprachig · Edition Langewiesche-Brandt

Народные русские сказки

Russische Volksmärchen

Aus der Sammlung von A. N. Afanasjew
ausgewählt und übersetzt von Helmuth Dehio

Illustrationen Frieda Viegand

Deutscher Taschenbuch Verlag

Originalausgabe
Umschlaggestaltung: Celestino Piatti
Gesamtherstellung: Kösel, Kempten
ISBN 3-423-09153-3. Printed in Germany.

Ска́зка о лягу́шке и богатыре́

В не́котором ца́рстве, в не́котором госуда́рстве жил коро́ль: у него́ было три сы́на. Раз он призва́л к себе́ сынове́й и сказа́л: «Любе́зные де́ти! Вы тепе́рь на во́зрасте, вре́мя вам поду́мать о неве́стах. Сде́лайте себе́ по стрелке́, ступа́йте в запове́дные луга́ и вы́стрелите в ра́зные сто́роны. В како́й дом попадёт чья стрела́, в том и возьмёт себе́ неве́сту». Короле́вичи сде́лали себе́ по стрелке́, вы́шли в запове́дные луга́ и вы́стрелили: большо́й брат в пра́вую сто́рону, сре́дний в ле́вую, а меньшо́й, что называ́лся Ива́н-богаты́рь, пусти́л свою́ стрелу́ пря́мо. По́сле того́ пошли́ они́ в ра́зные сто́роны иска́ть свои́ стрелки́. Большо́й брат нашёл свою́ стрелку́ у мини́стра, а сере́дний у генера́ла; короле́вичи и пожени́лись на их дочеря́х-краса́вицах.

А Ива́н-богаты́рь до́лго не мог найти́ свое́й стрелки́ и был весьма́ печа́лен; це́лые два дня ходи́л он по леса́м и по гора́м, а на тре́тий день зашёл в боло́то и увида́л большу́ю ля-

Das Märchen von dem Frosch und dem Recken

In einem Herrscherreich, einem gewissen Staat, lebte ein König, der hatte drei Söhne. Eines Tages berief er seine Söhne zu sich und sagte: «Liebwerte Kinder! Ihr seid jetzt erwachsen, und es wird Zeit für euch, an Bräute zu denken. Macht euch jeder einen Pfeil, geht auf die unberührten Wiesen und schießt eure Pfeile in verschiedene Richtungen ab. Ein jeder suche sich alsdann in dem Haus, das von seinem Pfeil getroffen wurde, seine Braut.» Die Königssöhne machten sich jeder einen Pfeil, gingen auf die unberührten Wiesen hinaus und schossen ihre Pfeile ab: der älteste Bruder nach rechts, der mittlere nach links, der jüngste aber, Iwan der Recke genannt, ließ seinen Pfeil geradeaus fliegen. Danach gingen sie in die verschiedenen Richtungen, ihre Pfeile zu suchen. Der älteste Bruder fand seinen Pfeil bei einem Minister, der mittlere bei einem General; und deren schöne Töchter nahmen sich die beiden Königssöhne zu Frauen.

Iwan der Recke aber konnte seinen Pfeil lange nicht finden und war sehr betrübt darüber; ganze zwei Tage durchstreifte er Wälder und Berge; am dritten Tag kam er in einen Sumpf und erblickte einen großen Frosch, der den

гу́шку, кото́рая держа́ла во рту пу́щенную им стрелу́. Ива́н-богаты́рь хоте́л бы́ло бежа́ть и отступи́ться от свое́й нахо́дки, но лягу́шка закрича́ла: «Ква-ква, Ива́н-богаты́рь! Поди́ ко мне, возьми́ свою́ стрелу́; не то ве́чно не вы́йдешь из боло́та». Промо́лвив э́ти слова́, лягу́шка перекувырну́лась — и в ту ж мину́ту яви́лась раскра́шенная бесе́дка; Ива́н-богаты́рь воше́л в бесе́дку. «Я зна́ю, — сказа́ла лягу́шка, — что ты тре́тий день ничего́ не ел; не хо́чешь ли пое́сть?» Тут лягу́шка сно́ва перекувырну́лась — и тотча́с яви́лся стол со вся́ким ку́шаньем и напи́тками. Ива́н-богаты́рь сел за стол, нае́лся, напи́лся. «Слу́шай, — сказа́ла ему́ лягу́шка, — стрела́ твоя́ попа́ла ко мне, ты до́лжен взять меня́ за́муж; а не возьме́шь за себя́ — не вы́йдешь из э́того боло́та!» Ива́н-богаты́рь опеча́лился и не знал, что де́лать: поду́мал и взял с собо́й лягу́шку и прине́с ее́ в свое́ госуда́рство. Бра́тья и неве́стки ста́ли над ним смея́ться.

Наступи́л день, в кото́рый Ива́н-богаты́рь до́лжен был жени́ться; он пое́хал в каре́те, а лягу́шку понесли́ во дворе́ц на золото́м блю́де. Когда́ наста́ла ночь, и жени́х с неве́стою пошли́ в свои́ ко́мнаты, лягу́шка сняла́ с себя́ лягу́шечью кожури́ну и сде́лалась краса́вицею, а днем опя́ть ста́ла лягу́шкою. Ива́н-богаты́рь жил с не́ю благополу́чно и счастли́во.

Чрез не́сколько вре́мени приказа́л как-то
8 коро́ль призва́ть к себе́ сынове́й и сказа́л им:
9 «Любе́зные де́ти! Вы тепе́рь все тро́е жена́-

von ihm abgeschossenen Pfeil im Munde hielt. Iwan der Recke wollte weglaufen und seinen Fund verleugnen, aber der Frosch schrie: «Quak-quak, Recke Iwan komm zu mir, nimm deinen Pfeil, sonst wirst du nie mehr aus diesem Sumpf herausfinden.» Als er diese Worte gesprochen hatte, schlug der Frosch einen Purzelbaum – und im gleichen Augenblick war da eine schön bemalte Gartenlaube; Iwan der Recke trat in die Laube. «Ich weiß», sagte der Frosch, «daß du seit drei Tagen nichts gegessen hast, möchtest du nicht jetzt etwas zu dir nehmen?»

Der Frosch schlug wieder einen Purzelbaum – und sofort stand da ein Tisch mit vielerlei Speisen und Getränken. Iwan der Recke setzte sich an die Tafel und aß und trank sich satt. «Hör zu», sagte zu ihm der Frosch, «dein Pfeil hat sein Ziel bei mir gefunden, du mußt mich heiraten; nimmst du mich aber nicht, so wirst du nie aus diesem Sumpf entkommen!» Iwan der Recke wurde betrübt, doch was sollte er machen? Er überlegte es sich, nahm den Frosch mit sich und brachte ihn in sein Königreich. Die Brüder und ihre Bräute lachten über ihn.

Der Tag kam, an dem Iwan der Recke heiraten sollte; er selber fuhr in einer Karosse, den Frosch aber trug man auf einer goldenen Schüssel in den Königspalast. Als es Nacht wurde und der Bräutigam und seine Braut in ihre Gemächer gegangen waren, zog der Frosch die Froschhaut von sich ab und verwandelte sich in ein wunderschönes Mädchen; tagsüber wurde es aber wieder zum Frosch. Iwan der Recke lebte mit ihm gut und glücklich.

Nach einiger Zeit ließ einmal der König seine Söhne zu sich rufen und sprach zu ihnen: «Liebwerte Kinder! Ihr seid jetzt alle drei verheiratet; nun wünsche ich mir von

ты; жела́лось бы мне износи́ть от ва́ших жен, а мои́х неве́сток, по руба́шке». Дал им по куску́ полотна́ и говори́л, что́бы руба́шки поспе́ли к за́втрему. Бо́льшие бра́тья принесли́ полотно́ к свои́м же́нам; а те ста́ли кли́кать ня́нюшек, ма́мушек и се́нных кра́сных де́вушек, чтоб помогли́ им сшить по руба́шке. Тотча́с ня́нюшки их и ма́мушки прибежа́ли и при́нялись за рабо́ту: кото́рая крои́ла, кото́рая ши́ла.

Меж тем посла́ли неве́стки де́вку-черна́вку посмотре́ть, как лягу́шка ста́нет шить руба́шку. И как девка-черна́вка пришла к Ивану-богатырю́ в ко́мнаты, в то вре́мя прине́с он полотно́ и с опеча́ленным ви́дом положи́л его́ на стол. «Что ты, Ива́н-богаты́рь, так печа́лен?» — говори́ла лягу́шка. А он ей отвеча́л: «Как мне не печа́литься? Ба́тюшка приказа́л из э́того полотна́ сшить себе́ к за́втрему руба́шку». — «Не плачь, не тужи́, — сказа́ла лягу́шка, — ложи́сь да засни́, у́тро ве́чера мудрене́е, — все бу́дет испра́вно!» Схвати́ла но́жницы, изре́зала все полотно́ на ме́лкие лоску́тки, пото́м отвори́ла окно́, бро́сила их на ве́тер и сказа́ла: «Бу́йные ве́тры! Разнеси́те лоску́точки и сше́йте све́кору руба́шку». Де́вка-черна́вка пошла́ и рассказа́ла короле́внам, что лягу́шка все полотно́ изре́зала на ма́ленькие лоску́точки и ки́нула за око́шко. Они́ смея́лись над лягу́шкою и говори́ли: «Что́-то
10 за́втра принесе́т ее́ муж к королю́!»
11 На друго́й день Ива́н-богаты́рь просну́лся,

euren Frauen, meinen lieben Schwiegertöchtern, je ein Hemd zum Tragen.» Und er gab jedem ein Stück Leinwand und sagte, die Hemden sollten bis morgen fertig sein. Die älteren Brüder brachten die Leinwand ihren Frauen, und die riefen nach ihren Wärterinnen und ihren Mütterchen und ihren schönen leibeigenen Stubenmädchen, daß sie ihnen helfen sollten, je ein Hemd zu nähen. Die Wärterinnen und die Mütterchen kamen gleich gelaufen und machten sich an die Arbeit: einige schnitten zu, andere nähten.

Unterdessen schickten die Schwiegertöchter eine Dienstmagd, zu erkunden wie der Frosch das Hemd nähen würde. Und als die Dienstmagd in die Gemächer von Iwan dem Recken kam, brachte er gerade die Leinwand und legte sie mit betrübtem Gesicht auf den Tisch. «Warum bist du so betrübt, Recke Iwan?» fragte die Froschfrau, und er antwortete ihr: «Wie soll ich nicht betrübt sein? Väterchen hat befohlen, ihm aus dieser Leinwand bis morgen ein Hemd zu nähen.» – «Weine nicht, gräme dich nicht», sagte die Froschfrau, «leg dich zu Bett und schlaf ein; der Morgen ist klüger als der Abend, alles wird in Ordnung kommen!» Sie ergriff die Schere, zerschnitt die ganze Leinwand in kleine Läppchen, öffnete das Fenster, warf sie hinaus in den Wind und sprach dazu: «Ihr ungestümen Winde, tragt diese Läppchen davon und näht aus ihnen dem Schwiegervater ein Hemd.» Die Dienstmagd ging und erzählte alles den Königstöchtern: daß der Frosch die ganze Leinwand in kleine Läppchen zerschnitten und diese aus dem Fenster geworfen habe. Sie lachten über den Frosch und sagten: «Was wird denn der Mann morgen dem König bringen!»

Am nächsten Tag erwachte Iwan der Recke, und die

лягу́шка по́дала ему́ соро́чку: «Вот, любе́зный Ива́н-богаты́рь, отнеси́-ка э́ту соро́чку своему́ ба́тюшке». Ива́н-богаты́рь взял соро́чку и поне́с к своему́ отцу́; принесли́ свои́ соро́чки и ста́ршие бра́тья. Сперва́ подне́с королю́ большо́й брат; коро́ль посмотре́л и сказа́л: «Э́та руба́шка сши́та так, как обыкнове́нно шьют». Посмотре́л у друго́го сы́на и сказа́л, что и э́та руба́шка сши́та не лу́чше. А как по́дал ему́ меньшо́й сын соро́чку, то коро́ль не мог дово́льно надиви́ться: в соро́чке нельзя́ бы́ло приме́тить ни одного́ шва, — и сказа́л: «Э́ту руба́шку пода́йте мне в са́мые бо́льшие пра́здники».

В друго́й раз призва́л коро́ль сынове́й и говори́л им: «Любе́зные де́ти! Мне хо́чется знать, уме́ют ли ва́ши же́ны шить зо́лотом и серебро́м; возьми́те себе́ шелку́, серебра́ и зо́лота, и что́бы к за́втрему бы́ло сде́лано по ковру́». Же́ны ста́рших короле́вичей на́чали кли́кать ня́нюшек, ма́мушек и се́нных де́вушек, чтоб посо́били им вышива́ть ковры́. Тотча́с ня́нюшки, ма́мушки и се́нные де́вушки пришли́ и на́чали вышива́ть ковры́ — кто серебро́м, кто зо́лотом, а кто ше́лком. Де́вку-черна́вку опя́ть посла́ли посмотре́ть, что ста́нет де́лать лягу́шка. Ива́н-богаты́рь прине́с к себе́ зо́лото, серебро́ и шелк и был весьма́ печа́лен. Лягу́шка, си́дя на сту́ле, говори́ла: «Ква-ква-ква! Что ты, Ива́н-богаты́рь, так за-
12 печа́лился?» — «Как мне не печа́литься? —
13 отвеча́л он. — Ба́тюшка веле́л к за́втрему вы-

Froschfrau reichte ihm ein Hemd: «Da, liebwerter Recke Iwan, bring mal dieses Hemd deinem Väterchen.» Iwan der Recke nahm das Hemd und brachte es seinem Vater; auch die älteren Brüder brachten ihre Hemden. Zuerst überreichte der älteste Bruder das seine dem König; der König schaute es sich an und sagte: «Dieses Hemd ist so genäht, wie man gewöhnlich zu nähen pflegt.» Dann besah er das des zweiten Sohnes und sagte, daß auch dieses Hemd nicht besser genäht sei. Aber als der jüngste Sohn sein Hemd dem König überreichte, konnte der König es gar nicht genug bewundern: an diesem Hemd war keine einzige Naht zu bemerken. Und er sagte: «Dieses Hemd gebt mir an den höchsten Feiertagen zum Anziehen.»

Und ein andermal berief der König seine Söhne und sprach zu ihnen: «Liebwerte Kinder, ich möchte erfahren, ob wohl eure Frauen mit Gold und Silber zu sticken verstehen; nehmt euch Seide, Silber und Gold, und bis morgen soll je ein Teppich bestickt sein.» Die Frauen der älteren Söhne riefen nach ihren Wärterinnen und ihren Mütterchen und den leibeigenen Mädchen, daß sie ihnen beistehen sollten beim Sticken der Teppiche. Sogleich kamen die Wärterinnen und die Mütterchen und die leibeigenen Mädchen und fingen an, die Teppiche zu besticken – einige mit Silber, einige mit Gold und andere mit Seide. Wieder sandten sie die Dienstmagd aus, um zu erforschen wie es der Frosch machen würde. Iwan der Recke brachte das Gold, das Silber und die Seide mit und war sehr betrübt. Die Froschfrau saß auf einem Stuhl und sagte: «Quak-quak! warum bist du so betrübt, Recke Iwan?» – «Wie soll ich nicht betrübt sein?» antwortete er. «Väterchen hat befohlen, bis morgen mit diesem Silber,

шить из э́того серебра́, зо́лота и ше́лку́ кове́р». — «Не плачь и не тужи́, — сказа́ла лягу́шка, — ложи́сь-ка спать, у́тро ве́чера мудрене́е!» — А сама́ взяла́ но́жницы, весь шелк изре́зала, серебро́ и зо́лото изорва́ла, бро́сила за око́шко и сказа́ла: «Бу́йные ве́тры! Принеси́те тот кове́р, кото́рым мой ба́тюшка око́шки закрыва́л». Неве́стки, вы́слушав все это от де́вки-черна́вки, взду́мали и сами́ так сде́лать. До́лго ожида́ли они́, но, ви́дя, что ве́тры ковро́в им не прино́сят, посла́ли купи́ть серебра́, зо́лота и ше́лку́ и ста́ли выши́ва́ть ковры́ по-пре́жнему.

Поу́тру́, как то́лько встал Ива́н-богаты́рь, лягу́шка по́дала ему́ кове́р. Вот все три бра́та принесли́ свои́ ковры́ к отцу́; он взял пре́жде от ста́ршего, посмотре́л и промо́лвил: «Э́тот кове́р годи́тся от дождя́ лошаде́й покрыва́ть». Посмотре́л у сере́днего и сказа́л: «Э́тот кове́р мо́жно в пере́дней ко́мнате постила́ть, чтоб обтира́ли об него́ но́ги».

Пото́м при́нял кове́р от меньшо́го сы́на, вздивова́лся и сказа́л: «А э́тот кове́р в са́мые торже́ственные дни постила́ть ко мне на стол». Кове́р Ива́на-богатыря́ приказа́но спря́тать и бере́чь, а други́м сыновья́м о́тдал коро́ль ковры́ наза́д. «Отнеси́те их, — сказа́л коро́ль, — к свои́м же́на́м и скажи́те, чтоб берегли́ для себя́!»

В тре́тий раз говори́л коро́ль свои́м сы-
14 новья́м: «Тепе́рь, любе́зные де́ти, хочу́ я
15 име́ть по хле́бу, испечённому рука́ми ва́ших

diesem Gold und dieser Seide einen Teppich zu sticken.» – «Weine nicht, gräme dich nicht», sagte die Froschfrau, «leg dich schlafen, der Morgen ist klüger als der Abend!» Und selber nahm sie die Schere, zerschnitt die ganze Seide, zerriß das Silber und das Gold, warf alles zum Fenster hinaus und sprach: «Ihr ungestümen Winde, bringt den Teppich her, mit dem mein Väterchen die Klappfensterchen verhängte.» Die anderen Schwiegertöchter, die das alles von der Dienstmagd erfahren hatten, gedachten es selber ebenso zu machen. Lange warteten sie; aber als sie sahen, daß die Winde ihnen keinerlei Teppiche brachten, ließen sie von neuem Silber, Gold und Seide kaufen und begannen wie früher Teppiche zu sticken.

Am Morgen, kaum war Iwan der Recke aufgestanden, überreichte die Froschfrau ihm einen Teppich. Alsbald brachten alle drei Söhne ihre Teppiche dem Vater. Er nahm zuerst den des ältesten, betrachtete ihn und sprach: «Dieser Teppich kann dazu dienen, die Pferde zu bedekken, wenn es regnet.» Dann sah er den des mittleren Sohnes an und sagte: Diesen Teppich kann man in mein Vorzimmer legen, damit man sich die Füße daran abputzt.» Danach empfing er den Teppich des jüngsten Sohnes, bewunderte ihn sehr und sagte: «Diesen Teppich aber soll man mir an den allerfeierlichsten Tagen auf meinen Tisch breiten.» Es wurde befohlen, den Teppich Iwans des Recken gut zu versorgen und aufzuheben, den anderen Söhnen aber gab der König die Teppiche zurück. «Bringt sie», sagte der König «euren Frauen und sagt ihnen, sie mögen sie für sich selber aufheben.»

Ein drittes Mal sprach der König seine Söhne an: «Jetzt möchte ich, liebwerte Kinder, je ein Brot haben, von den Händen eurer Frauen gebacken.» Als die Königstöchter

жен». Как услы́шали о том от свои́х муже́й короле́вны, они́ тотча́с посла́ли де́вку-черна́вку посмотре́ть, как бу́дет де́лать лягу́шка. В то вре́мя Ива́н-богаты́рь прише́л в свои́ ко́мнаты весьма́ печа́лен. «Ква-ква-ква! Что ты запеча́лился?» — спроси́ла его́ лягу́шка. «Как мне не печа́литься? Ба́тюшка приказа́л, чтоб ты испекла́ хлеб». — «Не плачь, не тужи́, все сде́лаю!» — и веле́ла принести́ ква́шню, муки́ и воды́; всы́пала муку́ в ква́шню, вли́ла воду́, раствори́ла раство́р, вы́лила в холо́дную печь, и заслони́ла засло́нкой, и сказа́ла: «Испеки́сь, хлеб, чист, рыхл и бел, как снег!» Де́вка-черна́вка вороти́лась к неве́сткам и сказа́ла: «Не зна́ю, за что коро́ль так хвали́ть лягу́шку; она́ ничего́ не уме́ет де́лать!» Вы́слушав все, неве́стки взду́мали и сами́ так же сде́лать как лягу́шка, раствори́ли муку́ на холо́дной воде́ и вы́лили в холо́дные пе́чи; но, ви́дя, что раство́ры их расплы́лись, они́ приказа́ли принести́ еще́ муки́, замеси́ли свои́ хле́бы на горя́чей воде́ и посади́ли в то́пленные пе́чи. Они́ боя́лись не поспе́ть и так спеши́ли, что у одно́й хлеб пригоре́л, а у друго́й вы́шел совсе́м сыро́й; лягу́шка же вы́нула свой хлеб из печи́ и чист, и рыхл, и бел как снег.

Пришли́ бра́тья к отцу́ и принесли́ свои́ хле́бы. Коро́ль при́нял от большо́го сы́на хлеб, посмотре́л и сказа́л: «Тако́й хлеб мо́жно
16 есть то́лько от нужды́!» При́нял от сере́днего
17 сы́на и промо́лвил: «Э́тот хлеб не лу́чше!»

dies von ihren Männern hörten, schickten sie sofort die Dienstmagd aus, um nachzusehen wie der Frosch es machen werde. Zu dieser Zeit kam Iwan der Recke gerade in seine Gemächer in großer Betrübnis. «Quak-quak-quak! Worüber bist du so betrübt?» – «Wie soll ich nicht betrübt sein? Väterchen hat befohlen, daß du ein Brot backen sollst.» – «Weine nicht, gräme dich nicht, ich mache alles.» Dann befahl die Froschfrau, einen Backtrog, Mehl und Wasser zu bringen, schüttete das Mehl in den Trog, goß das Wasser dazu, löste alles auf, gab es in den kalten Ofen, schloß die Ofentür und sprach: «Backe aus, Brot, sauber, knusprig und weiß wie Schnee». Das Küchenmädchen kehrte zu den Schwiegertöchtern zurück und sagte: «Ich weiß nicht, wofür der König den Frosch so lobt; der versteht nichts richtig zu machen.»

Nachdem sie alles angehört hatten, gedachten die Schwiegertöchter doch, es selber ebenso zu machen wie der Frosch. Sie lösten das Mehl in kaltem Wasser und gaben es in den kalten Ofen; aber als sie sahen, daß ihr Teig auslief, befahlen sie neues Mehl zu bringen, mischten ihren Brotteig mit heißem Wasser und setzten ihn in den heißen Ofen. Sie fürchteten, nicht rechtzeitig fertig zu werden und beeilten sich so, daß bei der einen das Brot anbrannte, bei der anderen aber ganz ungar herauskam. Die Froschfrau dagegen zog ihr Brot aus dem Ofen, sauber, knusprig und weiß wie Schnee.

Die Brüder kamen zum Vater und brachten ihm ihre Brote. Der König nahm das Brot des ältesten Sohnes entgegen, betrachtete es und sagte: «Ein solches Brot kann man nur in größter Not essen.» Dann empfing er das des mittleren Sohnes und bemerkte: «Dieses Brot ist auch

Потом взял от меньшого сына и велел, чтобы этот хлеб подавали ему за стол, когда будут у него гости. «Любезные дети! — продолжал король. — Жёны ваши сделали для меня все, что я приказывал, и потому прошу вас вместе с женами приехать завтра во дворец на обед». Королевичи пошли к жёнам.

Иван-богатырь очень печалился и думал: «Как повезу я с собой лягушку?» А лягушка, сидя на стуле, спрашивает: «Ква-ква-ква! О чем, Иван-богатырь, ты так запечалился?» Иван-богатырь отвечал: «Как мне не печалиться? Батюшка приказал всем нам завтрашний день приехать к нему во дворец с жёнами; как я тебя повезу?» — «Не плачь, не тужи, — сказала лягушка, — утро вечера мудренее, ложись да спи!»

На другой день Иван-богатырь собрался и поехал во дворец; а невестки послали опять девку-чернавку смотреть, в чем поедет лягушка. В то время лягушка открыла окно и кликнула громким голосом: «Ох вы, буйные ветры! Полетите в мое государство и скажите, чтоб приехала богатая карета со всем прибором, с лакеями, гайдуками, скороходами и вершниками». После того она хлопнула окошком и села на стул. Все уж съехались во дворец, дожидались только лягушки — и вдруг увидели, что бегут скороходы, скачут вершники и едет пребогатая карета. Король по-
18 думал, что едет к нему какой-нибудь иной ко-
19 роль или королевич, и пошёл встречать. «Не

nicht besser!» Zuletzt nahm er das Brot des jüngsten Sohnes entgegen und befahl, ihm dieses Brot zur Tafel zu reichen, wenn er Gäste habe. «Liebwerte Kinder!» sprach der König weiter «eure Frauen haben alles gemacht, was ich befohlen hatte, und darum bitte ich euch morgen mit euren Frauen zum Mittagessen ins Schloß zu kommen.» Die Königssöhne gingen zurück zu ihren Frauen.

Iwan der Recke war sehr betrübt und dachte: «Wie soll ich meine Froschfrau mit mir hinbringen?» Aber die Froschfrau, die auf dem Stuhl saß, fragte: «Quak-quak-quak! Worüber bist du so betrübt, Recke Iwan?» Iwan der Recke antwortete: «Wie soll ich nicht betrübt sein? Väterchen hat uns allen befohlen, am morgigen Tage mit unseren Frauen zu ihm ins Schloß zu kommen; wie soll ich dich hinbringen?» – «Weine nicht, gräm dich nicht», sagte die Froschfrau, «der Morgen ist klüger als der Abend, leg dich hin und schlaf!»

Am nächsten Morgen machte sich Iwan der Recke auf und fuhr ins Schloß. Aber die Schwiegertöchter schickten wieder die Dienstmagd nachzuforschen wie der Frosch wohl fahren werde. Unterdessen hatte die Froschfrau das Fenster geöffnet und rief mit lauter Stimme: «O ihr meine ungestümen Winde! Fliegt hin in mein Reich und sagt an, daß eine prächtige Karosse zu mir gefahren komme, mit allem Zubehör, mit Lakaien, Heiducken, Läufern und Vorreitern.» Dann schlug sie das Fenster zu und setzte sich auf einen Stuhl. Alle waren schon am Schloß vorgefahren und warteten nur noch auf die Froschfrau. Plötzlich sahen sie Läufer ankommen und Vorreiter heransprengen und eine prächtige Karosse anfahren. Der König dachte, daß da wohl irgend ein anderer König oder Königssohn bei ihm vorfährt, und ging ihm zur Begrüßung entgegen. «Bemü-

труди́тесь, ба́тюшка! — говори́т Ива́н-богаты́рь. — Это, знать, моя́ лягу́шонка та́щится в коро́бчонке».

Подъе́хала каре́та, и вы́шла из нее́ жена́ Ива́на-богатыря́ тако́ю краса́вицей, что все диви́ться ста́ли. Се́ли за стол; лягу́шка чего́ не допье́т, то за рука́в льет, а ко́сти за друго́й кладе́т. Други́е неве́стки увида́ли и ста́ли то же де́лать: чего́ не допива́ли, то за рука́в ли́ли; чего́ не доеда́ли, то за друго́й кла́ли. Как вста́ли и́з-за стола́, заигра́ла му́зыка, и лягу́шка пошла́ танцева́ть: махну́ла одни́м рукаво́м — вдруг на арши́н высоты́ ста́ла вода́, махну́ла други́м рукаво́м — поплы́ли по воде́ гу́си и ле́беди, что ви́дя, все не могли́ надиви́ться ее́ хи́трости; а как переста́ла она́ танцева́ть — все исче́зло: и вода́, и гу́си, и ле́беди. Тогда́ пошли́ танцева́ть други́е неве́стки и как махну́ли свои́ми рукава́ми — то всех обли́ли, обры́згали и ко́стями чуть глаз не вы́били!

Тут Ива́н-богаты́рь поше́л домо́й, схвати́л лягу́шечью ко́жу и тотча́с сжег ее́. Прие́хала его́ жена́ и бро́силась иска́ть свое́й кожури́нки, не нашла́ и говори́т: «Ну, Ива́н-богаты́рь, коли́ ты не мог потерпе́ть ма́лое вре́мя, то ищи́ тепе́рь меня́ за три́девять земе́ль, в тридеся́том ца́рстве, в подсо́лнечном госуда́рстве, и знай, что зову́т меня́ Васили́са Прему́драя».
20 Сказа́ла и вмиг исче́зла.

21 Ива́н-богаты́рь запла́кал неуте́шно и поше́л

het Euch nicht, Väterchen», sagte Iwan der Recke, «das ist doch nur mein Fröschchen das sich da in seinem Körbchen heranschleppen läßt.»

Die Karosse fuhr vor und ihr entstieg Iwans des Recken Frau als eine solche Schönheit, daß alle sich verwunderten. Man setzte sich zu Tisch; was die Froschfrau nicht austrank, goß sie in den einen Ärmel, und die Knochen tat sie in den anderen. Die anderen Schwiegertöchter sahen das und machten es ihr nach; was sie nicht austranken, goßen sie in einen Ärmel, was sie nicht aufaßen, schoben sie in den anderen. Als man von der Tafel aufstand, ertönte Musik, und Fröschchen ging tanzen: schwenkte einen Ärmel – und plötzlich war Wasser da, ein Arschin hoch; sie schwenkte den anderen Ärmel – und es schwammen Gänse und Schwäne auf dem Wasser, und alle, die es sahen, konnten ihre Künste nicht genug bewundern. Aber kaum hörte Fröschchen auf zu tanzen – war auch alles wieder verschwunden, sowohl das Wasser wie die Gänse und die Schwäne. Danach fingen die anderen Schwiegertöchter an zu tanzen, und wie sie ihre Ärmel schwenkten, bespritzten sie nur alle, und mit den Knochen schlugen sie ihnen fast die Augen aus!

Da ging Iwan der Recke nach Hause, ergriff die Froschhaut und verbrannte sie sogleich. Seine Frau kam angefahren und fing sofort an, nach ihrem Häutchen zu suchen. Als sie es nicht fand, sprach sie: «Nun Recke Iwan, wenn du nicht die kurze Zeit Geduld haben konntest, so wirst du mich jetzt suchen müssen hinter dreimal neun Ländern im dreimal zehnten Zareneich, im sonnenseitigen Reich; und wisse, daß man mich Wassilissa die Allweise nennt.» Sprach's und verschwand im Augenblick.

Iwan der Recke weinte untröstlich und zog aus,

искать Василису Премудрую; шел он долго ли, коротко ли, близко ли, далеко ли, скоро сказка сказывается, да не скоро дело делается, и пришел к избушке, которая стояла на курьих ножках и сама повертывалась. Иван-богатырь сказал: «Избушка, избушка! Стань к лесу задом, а ко мне передом!» — и по его речам избушка остановилась. Иван-богатырь вошел в избушку и увидел, что в переднем углу сидела баба-яга; говорит она сердитым голосом: «Доселева русского духу слыхом не слыхивано и видом не видывано, а нынеча русский дух в очах проявляется! Что ты, Иван-богатырь, волею али неволею?» Иван-богатырь отвечал, что сколько волею, а вдвое того неволею, и рассказал все, как было. «Жаль мне тебя, — сказала баба-яга, — изволь, я тебе услужу, покажу тебе Василису Премудрую: она каждый день прилетает ко мне отдыхать. Как прилетит она, ты старайся поймать ее за голову, и как поймаешь — она начнет превращаться лягушкой, жабой, змеею и прочими гадами, а после всего превратится в стрелу. Ты возьми эту стрелу и переломи надвое: тогда она будет вечно твоя. Только смотри, как поймаешь свою жену — не выпускай ее!»

Потом баба-яга спрятала королевича, и только успела его спрятать, как прилетела Василиса Премудрая. Иван-богатырь подошел к ней тихонько и схватил ее за голову;
22 она стала оборачиваться лягушкою, жабою и,
23 наконец, змеею. Иван-богатырь испугался и

Wassilissa die Allweise zu suchen. Ob er nun lange wanderte, ob nur kurze Zeit, ob in der Nähe, ob in der Ferne – schnell ist's im Märchen erzählt, nicht so schnell getan – er kam an eine kleine Hütte, die auf Hühnerfüßchen stand und sich von selber drehte. Iwan der Recke sprach: «Hüttchen, Hüttchen, stell dich mit der Rückseite zum Wald, mit der Vorderseite zu mir!» Und nach seinen Worten blieb das Hüttchen stehen. Iwan der Recke trat ein in das Hüttchen und sah in der vorderen Ecke eine Hexe sitzen; die sprach mit böser Stimme: «Bis dazumalen ward russischer Geist hier nie gehört und nie gesehen, und heutigentags erscheint russischer Geist vor meinen Augen! Wie kommst du, Recke Iwan? Freiwillig oder unfreiwillig?» Iwan der Recke antwortete, er komme teils freiwillig, doch doppelt so viel unfreiwillig, und erzählte ihr alles, wie es war. «Du dauerst mich», sagte die Hexe. «vielleicht kann ich dir dienen, dir Wassilissa die Allweise zeigen: sie kommt jeden Tag zu mir geflogen zum Ausruhen. Wenn sie angeflogen kommt, versuche du sie am Kopf zu fassen, und hast du sie gefangen, wird sie anfangen sich zu verwandeln, in einen Frosch, eine Kröte, eine Schlange und anderes Gewürm, und zuletzt wird sie sich in einen Pfeil verwandeln. Ergreife diesen Pfeil und zerbrich ihn in zwei Hälften: dann wird sie für immer die Deine. Doch gib acht, wenn du deine Frau gefangen hast – laß sie nicht wieder los!»

Danach versteckte die Hexe den Königssohn, und kaum hatte sie ihn versteckt, als Wassilissa die Allweise angeflogen kam.

Iwan der Recke näherte sich ihr ganz leise und ergriff sie am Kopf; sie verwandelte sich sogleich in einen Frosch, eine Kröte und zuletzt in eine Schlange. Iwan der

опусти́л ру́ку; Васили́са Прему́драя в ту ж мину́ту пропа́ла. А ба́ба-яга́ сказа́ла ему́: «Когда́ не уме́л ты удержа́ть, то бо́льше никогда́ не уви́дишь ее́ здесь; а коли́ хо́чешь, ступа́й к мое́й сестре́; к ней Васили́са Прему́драя та́кже лета́ет отдыха́ть».

Ива́н-богаты́рь отпра́вился к друго́й ба́бе-яге́, и тут не удержа́л он Васили́сы Прему́дрой; поше́л он к тре́тьей се́стре, ба́бе-яге́. «Е́сли тепе́рь упусти́шь Васили́су Прему́друю, — сказа́ла она́, — то уж бо́льше никогда́ ее́ не найде́шь». Как ни обора́чивалась Васили́са Прему́драя, Ива́н-богаты́рь не выпуска́л ее́ из рук; наконе́ц обороти́лась она́ стрело́ю, Ива́н-богаты́рь взял стрелу́ и переломи́л надво́е. В ту ж мину́ту яви́лась пе́ред ним Васили́са Прему́драя и сказа́ла: «Ну, Ива́н-богаты́рь, тепе́рь отдаю́сь я в твою́ во́лю!» Ба́ба-яга́ подари́ла им кове́р-самоле́т, и они́ полете́ли на ковре́-самоле́те в свое́ госуда́рство; че́рез три дня на четве́ртый опусти́лся кове́р пря́мо во дворе́ц. Коро́ль встре́тил своего́ сы́на и неве́стку с вели́кою ра́достию, сде́лал большо́й пир, а по́сле сде́лал вме́сто себя́ короле́м Ива́на-богатыря́.

Recke erschrak und ließ los; Wassilissa die Allweise war im gleichen Augenblick verschwunden. Aber die Hexe sprach zu ihm: «Wenn du nicht verstanden hast, sie festzuhalten, so wirst du sie hier nie wieder sehen; doch wenn du willst, geh zu meiner Schwester; zu ihr fliegt Wassilissa die Allweise auch oft zum Ausruhen.»

Iwan der Recke begab sich zur anderen Hexe, aber auch hier gelang es ihm nicht, Wassilissa die Allweise festzuhalten. So ging er zur dritten Hexenschwester. «Wenn du diesmal Wassilissa die Allweise losläßt», sagte diese, «so wirst du sie gewiß nie mehr wiederfinden.» Und wie sich Wassilissa die Allweise auch diesmal immer verwandelte, Iwan der Recke ließ sie nicht aus den Händen; endlich verwandelte sie sich in einen Pfeil, Iwan der Recke ergriff den Pfeil und brach ihn in zwei Hälften. Im gleichen Augenblick erschien Wassilissa die Allweise vor ihm und sagte: «Nun Recke Iwan, jetzt ergebe ich mich deinem Willen!» Die Hexe schenkte ihnen einen fliegenden Teppich, und sie flogen auf dem fliegenden Teppich in ihr Königreich. Nach drei Tagen, am vierten, ging der Teppich nieder, gerade in den Residenzpalast. Der König empfing seinen Sohn und seine Schwiegertochter mit größter Freude, gab ein großes Fest und setzte Iwan den Recken an seiner Statt zum König ein.

Ска́зка о сере́бряном блю́дечке и нали́вном я́блочке

Жил мужи́к с жено́ю, и у них бы́ли три до́чери: две — наря́дницы, зате́йницы, а тре́тья — простова́тая, и зову́т ее́ се́стры, а за ни́ми и оте́ц и мать, ду́рочкой. Ду́рочку везде́ толка́ют, во всё помыка́ют, рабо́тать заставля́ют; она́ не мо́лвит и сло́ва, на все гото́ва: и траву́ поле́т, и лучи́ну ко́ле́т, коро́вушек до́ит, у́точек ко́рмит. Кто что ни спро́сит, все ду́ра прино́сит: «Ду́ра, поди́! За всем, ду́ра, гляди́!»

Е́дет мужи́к с се́ном на я́рмарку, обеща́ет дочеря́м гости́нцев купи́ть. Одна́ дочь про́сит: «Купи́ мне, ба́тюшка, кумачу́ на сарафа́н»; друга́я дочь про́сит: «Купи́ мне а́лой кита́йки»; а ду́ра молчи́т да гляди́т. Хоть ду́ра, да дочь; жаль отцу́ — и ее́ спроси́л: «Чего́ тебе́, ду́ра, купи́ть?» Ду́ра усмехну́лась и говори́т: «Купи́ мне, свет-ба́тюшка, сере́бряное блю́дечко да нали́вное я́блочко». — «Да на что тебе́?» — се́стры спроси́ли. «Ста́ну я ката́ть

Das Märchen von dem silbernen Schüsselchen und dem saftigen Äpfelchen

Es lebte einmal ein Bauer mit seiner Frau, und sie hatten drei Töchter: zwei Putzsüchtige und Spaßvögel, die dritte aber einfältig, und die wird von den Schwestern und nach ihnen auch von Vater und Mutter Närrchen genannt. Das Närrchen wird überall herumgestoßen, hin und her gejagt, zu arbeiten genötigt. Sie aber sagt kein Wort, ist bereit alles zu tun: sie jätet das Unkraut, sie spaltet den Kienspan, sie tränkt die Kühlein, sie füttert die Entlein. Wer etwas wünscht – das Närrchen bringt es: «Närrchen lauf! Närrchen paß auf alles auf!»

Einmal fährt der Bauer mit Heu zum Jahrmarkt, verspricht den Töchtern Geschenke zu kaufen. Die eine Tochter bittet: «Kauf mir, Väterchen, einen roten Baumwollstoff für ein Sarafan-Kleid.» Die zweite Tochter bittet: «Kauf mir purpurnen Zitz.» Aber das Närrchen schweigt und guckt. Ist zwar ein Närrchen, aber doch eine Tochter; tut dem Vater leid, und er fragte sie: «Was soll ich dir, Närrchen, kaufen?» Das Närrchen lächelt und sagt: «Kauf mir, Liebväterchen, ein silbernes Schüsselchen und ein saftiges Äpfelchen.» – «Wozu denn das?» fragten die

я́блочком по блю́дечку да слова́ пригова́ривать, кото́рым научи́ла меня́ стару́шка — за то, что я ей кала́ч подала́». Мужи́к обеща́л и пое́хал.

Бли́зко ли, далеко́ ли, ма́ло ли, до́лго ли был он на я́рмарке, се́но про́дал, гости́нцев купи́л: одно́й до́чери а́лой кита́йки, друго́й кумачу́ на сарафа́н,а ду́ре сере́бряное блю́дечко да нали́вное я́блочко; возврати́лся домо́й и пока́зывает.

Се́стры ра́ды бы́ли, сарафа́ны поши́ли, а на ду́ру смею́тся да ждут, что она́ бу́дет де́лать с сере́бряным блю́дечком, с нали́вным я́блочком. Ду́ра не ест я́блочко, а се́ла в углу́ — пригова́ривает: «Кати́сь-кати́сь, я́блочко, по сере́бряному блю́дечку, пока́зывай мне города́ и поля́, леса́ и моря́, и гор высоту́ и небе́с красоту́!»

Ка́тится я́блочко по блю́дечку, нали́вное по сере́бряному, а на блю́дечке все города́ оди́н за други́м ви́дны, корабли́ на моря́х и полки́ на поля́х, и гор высота́ и небе́с красота́; со́лнышко за со́лнышком кати́тся, зве́зды в хорово́д собира́ются — так все краси́во, на ди́во — что ни в ска́зке сказа́ть ни перо́м написа́ть. Загляде́лись се́стры, а сами́х за́висть бере́т, как бы вы́манить у ду́ры блю́дечко; но она́ свое́ блю́дечко ни на что не променя́ет.

Злы́е се́стры поха́живают, зову́т, подгова́-
28 ривают: «Ду́шенька сестри́ца! В лес по я́годы
29 пойде́м, земляни́чку сбере́м». Ду́рочка блю-

Schwestern. «Ich werde das Äpfelchen im Schüsselchen rollen lassen und Worte dazu sprechen, die mich ein altes Mütterchen gelehrt hat, weil ich ihr ein Henkelbrot gegeben habe.» Der Bauer versprach es und fuhr ab.

Ob nah, ob fern, ob kurze oder lange Zeit – er war auf dem Jahrmarkt, verkaufte sein Heu, kaufte die Geschenke: der einen Tochter purpurnen Zitz, der anderen roten Stoff für einen Sarafan, und dem Närrchen ein silbernes Schüsselchen und ein saftiges Äpfelchen; kehrte zurück nach Hause und zeigte alles vor. Die Schwestern freuen sich, nähen sich Sarafane, über das Närrchen aber lachen sie und warten ab, was es wohl mit dem silbernen Schüsselchen und dem saftigen Äpfelchen tun wird. Das Närrchen aß das Äpfelchen nicht auf, sondern setzte sich in einen Winkel und sprach vor sich hin: «Rolle, rolle, Äpfelchen im silbernen Schüsselchen, zeig mir Städte und Felder, Wälder und Meere, Bergeshöhen und Himmelsschönheit.» Das Äpfelchen rollt im Schüsselchen, das Saftige auf dem Silbernen, und im Schüsselchen werden alle Städte sichtbar, eine nach der anderen, Schiffe auf den Meeren und Regimenter auf den Feldern, Bergeshöhen und des Himmels Schönheit; Sonnchen rollt hinter Sonnchen, Sterne sammeln sich zum Reigen – so schön ist das alles, ein Wunder, wie man es nicht im Märchen erzählen, nicht mit der Feder beschreiben kann. Die Schwestern vergucken sich so darein, daß sie der Neid packt, wie man wohl das Schüsselchen dem Närrchen entwenden könnte. Aber das Närrchen will sein Schüsselchen gegen nichts anderes eintauschen.

Die bösen Schwestern kommen, rufen sie, überreden sie: «Seelchen, Schwesterchen, komm mit in den Wald, Erdbeeren sammeln.» Das Närrchen gab das Schüsselchen

дечко отцу́ о́тдала, вста́ла да в лес пошла́; с се́страми броди́т, я́годы сбира́ет и ви́дит, что на траве́ за́ступ лежи́т.

Вдруг злы́е се́стры за́ступ схвати́ли, ду́рочку уби́ли, под бере́зкой схорони́ли, а к отцу́ по́здно пришли́, говоря́т: «Ду́рочка от нас убежа́ла, без ве́сти пропа́ла; мы лес обошли́, ее́ не нашли́, ви́дно во́лки съе́ли!»

Жа́лко отцу́ — хоть ду́ра, да дочь! Пла́чет мужи́к по до́чери; взял он блю́дечко и я́блочко, положи́л в ла́рец да замкну́л; а се́стры слеза́ми облива́ются.

Во́дит ста́до пастушо́к, труби́т в трубу́ на заре́ и иде́т по леску́ ове́чку оты́скивать, ви́дит он бугоро́к под бере́зкой в стороне́, а на нем вокру́г цветы́ а́лые, ла́зоревые, над цвета́ми трости́нка. Пастушо́к молодо́й сре́зал трости́нку, сде́лал ду́дочку, и — ди́во ди́вное, чу́до чу́дное — ду́дочка сама́ пое́т выгова́ривает: «Игра́й, игра́й, ду́дочка! Потеша́й света́-ба́тюшку, мою́ роди́мую ма́тушку и голу́бушек сестри́ц мои́х. Меня́, бе́дную, загуби́ли, со све́ту сбы́ли за сере́бряное блю́дечко, за нали́вное я́блочко». Лю́ди слы́шат — сбежа́лись, вся дере́вня за пастухо́м обороти́лась; приста́ют к пастуху́, выспра́шивают, кого́ загуби́ли? От расспро́сов отбо́ю нет. «Лю́ди до́брые! — пасту́х говори́т. — Ничего́ я не ве́даю, а иска́л в лесу́ ове́чку и увида́л буго-
30 ро́к, на бугорке́ цвето́чки, над цвето́чками
31 трости́нка; сре́зал я трости́нку, сде́лал себе́

dem Vater, stand auf und ging mit in den Wald. Mit den Schwestern streift sie umher, sammelt Beeren und sieht auf der Erde einen Spaten liegen. Plötzlich ergriffen die bösen Schwestern den Spaten, erschlugen das Närrchen, begruben es unter einem Birkchen, kamen erst später zum Vater und sagten: «Das Närrchen ist von uns fortgelaufen und spurlos verschwunden; wir haben den ganzen Wald durchsucht, haben sie aber nicht gefunden, die Wölfe werden sie gefressen haben!» Dem Vater tat sie leid – obwohl ein Närrchen, war sie doch eine Tochter! Und der Bauer weint um seine Tochter. Er nahm das Schüsselchen und das Äpfelchen, legte beides in einen Kasten und verschloß ihn. Darum vergießen die Schwestern Tränen.

Da treibt ein Hirtenknabe seine Herde, bläst sein Horn in der Morgenröte und geht in das Wäldchen ein Schäfchen suchen. Da sieht er ein Hügelchen unter einem Birkchen zu seiner Seite, auf dem wachsen purpurne und azurfarbene Blumen und über ihnen ein dünnes Rohr. Der junge Hirtenknabe schnitt das Rohr ab, machte sich eine kleine Flöte, und – o märchenhaftes Wunder – das Flötchen tönt von selbst, spricht die Worte: «Töne, töne, kleine Flöte! Tröste mein Liebväterchen, mein geliebtes Mütterchen und meine Täubchen-Schwesterchen. Mich Arme hat man umgebracht, aus der Welt geschafft um ein silbernes Schüsselchen, ein saftiges Äpfelchen.» Das Volk hört es, läuft zusammen, das ganze Dorf dreht sich um den Hirten, alle dringen auf den Hirten ein, fragen ihn aus, wen man denn umgebracht habe? Er kann sich der Fragen nicht erwehren. «Ihr guten Leute», spricht der Hirte, «ich habe keine Ahnung, ich suchte im Walde nach einem Schäfchen, da sah ich ein Hügelchen, auf dem Hügelchen Blümchen, über den Blümchen ein dünnes Rohr; ich schnitt das Rohr

ду́дочку, сама́ ду́дочка игра́ет-выгова́ривает».

Случи́лся тут оте́ц ду́рочки, слы́шит пасту́ховы слова́, схвати́л ду́дочку, а ду́дочка сама́ поёт: «Игра́й, игра́й, ду́дочка, роди́мому ба́тюшке, потеша́й его́ с ма́тушкой. Меня́, бе́дную, загуби́ли, со све́ту сбы́ли за сере́бряное блю́дечко, за нали́вное я́блочко». — «Веди́ нас, пасту́х, — говори́т оте́ц, — туда́, где сре́зал ты трости́нку». Пошёл за пастухо́м он в лесо́к на бугоро́к и диви́тся на цветы́ прекра́сивые, цветы́ а́лые, ла́зоревые. Вот на́чали разрыва́ть бугоро́к и мёртвое те́ло отры́ли. Оте́ц всплёснул рука́ми, застона́л, дочь несча́стную узна́л, и лежи́т она́ уби́тая, неве́домо кем загу́бленная, неве́домо кем зары́тая. До́брые лю́ди спра́шивают, кто уби́л-загуби́л её? А ду́дочка сама́ игра́ет-выгова́ривает: «Свет мой ба́тюшка роди́мый! Меня́ сёстры в лес зазва́ли, меня́ бе́дную загуби́ли за серёбряное блю́дечко, за нали́вное я́блочко; не пробу́дишь ты меня́ от сна тя́жкого, пока́ не доста́нешь воды́ из коло́дезя ца́рского».

Две сёстры зави́стницы затрясли́сь, побледне́ли, а душа́ как в огне́, и призна́лись в вине́; их схвати́ли, в тёмный по́греб замкну́ли до ца́рского ука́за, высо́кого повеле́нья; а оте́ц в путь собра́лся в го́род престо́льный.

Ско́ро ли, до́лго ли — прибы́л в тот го́род.
32 К дворцу́ он прихо́дит; вот с крыльца́ золо-
33 то́го царь-со́лнышко вы́шел, стари́к в зе́млю

ab, machte mir eine kleine Flöte daraus, das Flötchen tönt und spricht von selbst.»

Auch des Närrchens Vater kam und hörte die Worte des Hirten, ergriff die Flöte, und die Flöte singt von selbst: «Töne, töne, kleine Flöte dem lieben Väterchen, tröste ihn und das Mütterchen. Mich Arme hat man umgebracht, aus der Welt geschafft um ein silbernes Schüsselchen und ein saftiges Äpfelchen.» – «Führe uns, Hirte», sagte der Vater, «dorthin, wo du das Rohr geschnitten hast.» Und er ging hinter dem Hirten ins Wäldchen zum Hügelchen und wundert sich über die schönen Blumen, die purpurnen und azurfarbenen Blumen. Und sie fingen an, das Hügelchen aufzugraben und gruben den toten Körper aus. Der Vater schlug die Hände zusammen, stöhnte auf, erkannte seine unglückliche Tochter. Da liegt sie erschlagen, niemand weiß, von wem sie umgebracht, von wem sie hier verscharrt worden ist. Die guten Leute fragen, wer hat sie erschlagen und umgebracht? Aber die kleine Flöte tönt von selbst und spricht die Worte: «Mein herzliebes Väterchen, mein Augenlicht! Mich verlockten die Schwestern in den Wald, mich Arme erschlugen sie um das silberne Schüsselchen, um das saftige Äpfelchen. Du wirst mich nicht wecken aus dem schweren Schlaf, bis du nicht Wasser aus dem Brunnen des Zaren bekommst.» Die zwei neidischen Schwestern erzitterten, erbleichten, die Seele wie im Feuer, und bekannten ihre Schuld. Sie wurden ergriffen, gefesselt und eingeschlossen in einen dunklen Keller, bis zum Ukas des Zaren, dem hohen Befehl. Aber der Vater machte sich auf in die Residenzstadt.

Ob schnell, ob langsam – er kam an in jener Stadt. Und er näherte sich dem Zarenpalast. Da tritt auf die Freitreppe, die goldene, der Zar-Sonnenschein selber heraus. Der

кла́няется, ца́рской ми́лости про́сит. Возговори́т царь-надёжа: «Возьми́, стари́к, живо́й воды́ из ца́рского коло́дезя; когда́ дочь оживёт, предста́вь её нам с блю́дечком, я́блочком, с лиходе́йками-сёстрами».

Стари́к ра́дуется, в зе́млю кла́няется и домо́й везёт скля́ницу с живо́ю водо́ю; бежи́т он в лесо́к на цветно́й бугоро́к, отрыва́ет там те́ло. Лишь он спры́снул водо́й — вста́ла дочь пе́ред ним живо́й и припа́ла голу́бкой на ше́ю отцу́. Люди сбежа́лись, напла́кались.

Поéхал стари́к в престо́льный го́род; привели́ его́ в ца́рские пала́ты. Вы́шел царь-со́лнышко, ви́дит старика́ с тремя́ дочерьми́: две за ру́ки свя́заны, а тре́тья дочь — как весе́нний цвет, о́чи — ра́йский свет, по лицу́ заря́, из оче́й слёзы ка́тятся, бу́дто же́мчуг па́дают. Царь гляди́т, удивля́ется; на злых сесте́р прогнева́лся, а краса́вицу спра́шивает: «Где ж твоё блю́дечко и нали́вное я́блочко?» Тут взяла́ она́ ла́рчик из рук отца́, вы́нула я́блочко с блю́дечком, а сама́ царя́ спра́шивает: «Что ты, ца́рь-госуда́рь, хо́чешь ви́деть: города́ ль твои́ кре́пкие, полки́ ль твои́ хра́брые, корабли́ ли на мо́ре, чу́дные ль звёзды на не́бе?»

Покати́ла нали́вным я́блочком по сере́бряному блю́дечку, а на блю́дечке-то оди́н за одни́м города́ выставля́ются, в них полки́ со-
34 бира́ются со знамёнами, со пища́лями, в бое-
35 во́й строй стано́вятся; воево́ды пе́ред строя́ми,

Alte verbeugt sich bis zur Erde und bittet um des Zaren Gnade. So verkündet der Zar-Hoffnung: «Nimm, Alter, lebendiges Wasser aus meinem Zarenbrunnen, und wenn die Tochter wieder auflebt, bringe sie vor Uns mit dem Schüsselchen, dem Äpfelchen und den arglistigen Schwestern.» Der Alte freut sich, verbeugt sich zur Erde und bringt in einem Gläschen das lebendige Wasser nach Hause. Er läuft in das Wäldchen, auf das blühende Hügelchen, hebt den Körper auf. Kaum hat er ihn mit dem Wasser besprengt – steht die Tochter lebendig vor ihm und fällt, das Täubchen, dem Vater um den Hals. Das Volk lief zusammen, vergoß Tränen.

Wieder fuhr der Alte in die Residenzstadt. Man führte ihn in die Gemächer des Zaren. Der Zar-Sonneschein trat heraus und erblickte den Alten mit den drei Töchtern: zwei an den Händen gefesselt, aber die dritte wie Frühlingslicht, Augen wie Paradiesesglanz, auf dem Gesicht eine Morgenröte, aus den Augen rollen Tränen, die wie Perlen fallen. Der Zar schaut und wundert sich. Gegen die bösen Schwestern zürnt er, aber die Schöne fragte er: «Wo ist denn dein Schüsselchen und das saftige Äpfelchen?» Da nahm sie das Kästchen aus den Händen des Vaters, hob das Äpfelchen mit dem Schüsselchen heraus und fragte selbst den Zaren: «Was möchtest du, Zar-Herrscher, sehen: deine festen Städte vielleicht, oder deine tapferen Regimenter, deine Schiffe auf dem Meere vielleicht, oder die wunderbaren Sterne am Himmel?»

Sie ließ das saftige Äpfelchen rollen in dem silbernen Schüsselchen, und im Schüsselchen entstehen, eine nach der anderen, die Städte, in ihnen sammeln sich die Regimenter mit ihren Fahnen und Kanonen, formieren sich in Gefechtsordnung. Die Heerführer vor den Linien,

го́ловы пе́ред взво́дами, деся́тники пе́ред деся́тнями; и пальба́, и стрельба́, дым о́блако свил, все из глаз закры́л! Я́блочко по блю́дечку ка́тится, нали́вное по сере́бряному: на блю́дечке мо́ре волну́ется, корабли́ как ле́беди пла́вают, флаги́ развева́ются, с кормы́ стреля́ют; и стрельба́, и пальба́, дым о́блако свил, все из глаз закры́л! Я́блочко по блю́дечку ка́тится, нали́вное по сере́бряному: в блю́дечке все не́бо красу́ется, со́лнышко за со́лнышком кру́жится, звёзды в хорово́д собира́ются. Царь удивлён чудеса́ми, а краса́вица льётся слеза́ми, пе́ред царём в но́ги па́дает, про́сит поми́ловать. «Царь-госуда́рь! — говори́т она́. — Возьми́ моё сере́бряное блю́дечко и нали́вное я́блочко лишь прости́ ты сестёр мои́х, за меня́ не губи́ ты их». Царь на слёзы её сжа́лился, по прошёнью поми́ловал; она́ в ра́дости вскри́кнула, обнима́ть сестёр бро́силась.

Царь гляди́т, изумля́ется; взял краса́вицу за́ руки, говори́т ей приве́тливо: «Я почту́ доброту́ твою́, отличу́ красоту́ твою́; хо́чешь ли быть мне супру́гою, ца́рству до́брой цари́цею?» — «Ца́рь-госуда́рь! — отвеча́ет краса́вица. — Твоя́ во́ля ца́рская, а над до́черью во́ля отцо́вская, благослове́нье родно́й ма́тери; как оте́ц вели́т, как мать благослови́т, так и я скажу́».

Оте́ц в зе́млю поклони́лся, посла́-
36 ли за ма́терью — мать благослови́ла. «Ещё к
37 тебе́ сло́во, — сказа́ла царю́ краса́вица, — не

die Hauptleute vor den Kompanien, die Zugführer vor den Zügen; und ein Feuern und ein Schießen, und ein Rauch zur Wolke geballt, die alles vor den Augen verdeckt! Das Äpfelchen rollt im Schüsselchen, das Saftige auf dem Silbernen: und im Schüsselchen bewegt sich das Meer in Wellen, Schiffe schwimmen darauf wie Schwäne, Flaggen wehen, vom Heck wird geschossen, und Schießen, Feuern, Rauchwolken verdecken alles vor den Augen! Das Äpfelchen rollt im Schüsselchen, das Saftige auf dem Silbernen: im Schüsselchen zeigt sich des Himmels ganze Schönheit, Sonnchen dreht sich um Sonnchen, Sterne sammeln sich zum Reigen. Der Zar ist verwundert über diesen Zauber, die Schöne aber vergießt Tränen, fällt dem Zaren zu Füßen und bittet ihn um Gnade. «Zar-Herrscher», spricht sie, «nimm mein silbernes Schüsselchen und das saftige Äpfelchen, aber gewähre Verzeihung meinen Schwestern, vernichte sie nicht um meinetwillen». Den Zaren rührten ihre Tränen, ihrer Bitte gewährte er seine Gnade. Vor Freude schrie sie auf und flog, ihre Schwestern zu umarmen.

Der Zar schaut und verwundert sich, er nimmt die Schöne bei den Händen und spricht freundlich zu ihr: «Ich werde deine Güte achten, deine Schönheit auszeichnen; möchtest du wohl meine Gemahlin werden, dem Zarenreich eine gute Zarin?» – «Zar-Herrscher», antwortet die Schöne, «dein Wille ist der Zarenwille, aber über der Tochter steht der väterliche Wille, der Segen der eigenen Mutter; so wie der Vater befiehlt, wie die Mutter ihren Segen spricht, so werde auch ich sprechen.» Der Vater verbeugte sich zur Erde, man schickte nach der Mutter – und die Mutter gab ihren Segen. «Noch ein Wort an dich», sagte die Schöne dem Zaren, «trenne nicht meine

отлучай родных от меня; пусть со мною будут и мать, и отец, и сестры мои». Тут сестры ей в ноги кланяются. «Недостойны мы!» — говорят они. «Все забыто, сестры любезные! — говорит она им. — Вы родные мне, не с чужих сторон, а кто старое зло помнит, тому глаз вон!» Так сказала она, улыбнулась и сестер поднимала; а сестры в раскаянье плачут, как река льются, встать с земли не хотят. Тогда царь им встать приказал, кротко на них посмотрел, во дворце остаться велел.

Пир во дворце! Крыльцо все в огнях, как солнце в лучах; царь с царицею сели в колесницу, земля дрожит, народ бежит: «Здравствуй, — кричат, — на многие века!»

Angehörigen von mir; laß mit mir meinen Vater, meine Mutter und meine Schwestern sein.» Da neigen sich vor ihr die Schwestern bis an die Füße. «Wir sind es nicht wert», sagen sie. «Alles vergessen, liebe Schwestern», spricht sie zu ihnen, «ihr seid mir angehörig, nicht von fremder Art, und wer altes Übel nicht vergißt, dem sei das Augenlicht gelöscht». So sprach sie, lächelte, und suchte die Schwestern aufzuheben; aber die Schwestern weinen vor Reue, ergießen sich wie Bäche, wollen sich nicht erheben von der Erde. Da befahl ihnen der Zar aufzustehen, blickte sie sanft an und befahl ihnen am Hofe zu bleiben.

Fest bei Hofe! Der Schloßplatz ganz in Licht getaucht, strahlend wie die Sonne. Zar und Zarin besteigen die Hofkutsche, die Erde dröhnt, das Volk läuft herbei: «Glückliches Leben», ruft man, «für alle Zeiten»!

Васили́са Прекра́сная

В не́котором ца́рстве жи́л-был купе́ц. Двена́дцать лет жил он в супру́жестве и прижи́л то́лько одну́ дочь, Васили́су Прекра́сную. Когда́ мать сконча́лась, де́вочке бы́ло во́сем лет. Умира́я, купчи́ха призва́ла к себе́ до́чку, вы́нула из-по́д одея́ла ку́клу, о́тдала ей и сказа́ла: «Слу́шай, Васили́сушка! По́мни и испо́лни после́дние мои́ слова́. Я умира́ю и вме́сте с роди́тельским благослове́нием оставля́ю тебе́ вот э́ту ку́клу; береги́ ее́ всегда́ при себе́ и никому́ не пока́зывай; а когда́ приклю́чится тебе́ како́е го́ре, дай ей пое́сть и спроси́ у нее́ сове́та. Поку́шает она́ и ска́жет тебе́, чем помо́чь несча́стью». Зате́м мать поцелова́ла до́чку и по́мрела.

По́сле сме́рти жены́ купе́ц поту́жил, как сле́довало, а пото́м стал ду́мать, как бы опя́ть жени́ться. Он был челове́к хоро́ший; за неве́стами де́ло не ста́ло, но бо́льше всех по нра́ву пришла́сь ему́ одна́ вдову́шка. Она́ была́ уже́ в лета́х, име́ла свои́х двух дочере́й,

Wassilissa die Wunderschöne

In einem gewissen Zarenreich lebte einmal ein Kaufmann. Zwölf Jahre lebte er im Ehestand und hatte nur eine Tochter, gezeugt, Wassilissa die Wunderschöne. Als die Mutter starb, war das Mädchen acht Jahre alt. Sterbend rief die Kaufmannsfrau ihre Tochter zu sich, holte unter der Decke eine Puppe hervor, übergab sie ihr und sprach:

«Hör zu, Wassilissa! Behalte und befolge meine letzten Worte. Ich sterbe, und zusammen mit dem elterlichen Segen hinterlasse ich dir diese Puppe; behalte sie immer bei dir und zeige sie niemandem; wenn dir irgendein Leid geschieht, gib ihr zu essen und frage sie um Rat. Wenn sie ißt, so sagt sie dir auch, wie dem Unglück abzuhelfen ist.» Danach küßte die Mutter ihre Tochter und starb.

Nach dem Tode seiner Frau betrauerte der Kaufmann sie, wie es sich gehört, aber dann sann er darauf, wie er sich wieder verheiraten könnte. Er war ein guter Mensch; nach jungen Bräuten stand ihm nicht der Sinn, mehr als alle gefiel ihm ein kleines verwitwetes Frauchen. Sie war schon etwas bei Jahren, hatte zwei eigene Töchter, fast gleich-

почти́ одноле́ток Васили́се, — ста́ло быть, и хозя́йка и мать о́пытная. Купе́ц жени́лся на вдову́шке, но обману́лся и не наше́л в ней до́брой ма́тери для свое́й Васили́сы. Васили́са была́ пе́рвая на все село́ краса́вица; ма́чеха и се́стры зави́довали ее́ красоте́, му́чили ее́ всевозмо́жными рабо́тами, чтоб она́ от трудо́в похуде́ла, а от ве́тру и со́лнца почерне́ла; совсе́м житья́ не́ было!

Васили́са все переноси́ла безро́потно и с ка́ждым днем все хороше́ла и полне́ла, а между тем ма́чеха с до́чками свои́ми худе́ла и дурне́ла от зло́сти, несмотря́ на то, что они́ всегда́ сиде́ли сложа́ ру́ки, как ба́рыни. Как же э́то так де́лалось? Васили́се помога́ла ее́ ку́колка. Без э́того где бы де́вочке сла́дить со все́ю рабо́тою! Зато́ Васили́са сама́, быва́ло, не съест, а уж ку́колке оста́вит са́мый ла́комый кусо́чек, и ве́чером, как все уля́гутся, она́ запре́тся в чула́нчике, где жила́, и потчева́ет ее́, пригова́ривая: «На, ку́колка, поку́шай, моего́ го́ря послу́шай! Живу́ я в до́ме у ба́тюшки, не живу́ себе́ никако́й ра́дости; зла́я ма́чеха го́нит меня́ с бе́лого све́та. Научи́ ты меня́, как мне быть и жить и что де́лать?» Ку́колка поку́шает, да пото́м и дае́т ей сове́ты и утеша́ет в го́ре, а нау́тро вся́кую рабо́ту справля́ет за Васили́су; та то́лько отдыха́ет в холо́дочке да врет цвето́чки, а у нее́ уж и гряды́ вы́полоты, и капу́ста поли́та, и вода́ нано́шена, и печь вы́топлена. Ку́колка еще́ ука́жет Васили́се и тра́вку от зага́ру. Хорошо́ бы́ло жить ей с ку́колкой.

altrig mit Wassilissa, und mußte wohl auch eine erfahrene Hausfrau und Mutter sein. Der Kaufmann heiratete das Witwenfrauchen, aber er hatte sich geirrt und fand in ihr keine gute Mutter für seine Wassilissa. Wassilissa war die erste Schönheit im ganzen Dorf, die Stiefmutter und die Schwestern beneideten sie um ihre Schönheit; sie quälten sie mit allen möglichen Arbeiten, damit sie durch die Arbeitslast verkümmere und von Sonne und Wind verbrannt werde; es war schon kein Leben mehr!

Wassilissa ertrug alles ohne Murren und wurde mit jedem Tag voller und schöner, während die Stiefmutter und ihre Töchter durch ihre Bosheit immer magerer und häßlicher wurden, obwohl sie immer nur mit den Händen im Schoß dasaßen wie herrschaftliche Damen. Wie aber war dies möglich? Wassilissa erhielt Hilfe von ihrer Puppe. Wie hätte das Mädchen sonst mit der ganzen Arbeit fertig werden sollen! Dafür aß Wassilissa manchmal ihr Essen nicht auf, sondern ließ das leckerste Stück für die Puppe übrig, und abends, wenn alle zu Bett gingen, sperrte sie sich in dem Kämmerlein ein, das sie bewohnte, und bewirtete sie, indem sie sprach: «Da, Püppchen, iß und hör mein Leid! Lebe ich auch in meines Väterchens Haus, so kenne ich doch keine Freude; die böse Stiefmutter treibt mich aus dieser schönen Welt. Lehre du mich, wie ich leben und was ich tun soll.» Die Puppe ißt auf und danach gibt sie ihr Ratschläge und tröstet sie in ihrem Leid, und morgens verrichtet sie alle Arbeit für Wassilissa; die ruht aus in der Kühle und pflückt Blümchen, und derweil sind schon ihre Beete gejätet, der Kohl ist begossen, das Wasser getragen und der Ofen geheizt. Die Puppe zeigt Wassilissa auch ein Kräutchen gegen den Sonnenbrand. Gut ist es für sie, mit der Puppe zu leben.

Прошло́ не́сколько лет; Васили́са вы́росла и ста́ла неве́стой. Все женихи́ в го́роде присва́тываются к Васили́се; на ма́чехиных дочере́й никто́ и не посмо́трит. Ма́чеха зли́тся пу́ще пре́жнего и всем жениха́м отвеча́ет: «Не вы́дам ме́ньшой пре́жде ста́рших!», а проводя́ женихо́в, побо́ями вымеща́ет зло на Васили́се.

Вот одна́жды купцу́ пона́добилось уе́хать и́з дому на до́лгое вре́мя по торго́вым дела́м. Ма́чеха и перешла́ на житье́ в друго́й дом, а во́зле э́того до́ма был дрему́чий лес, а в лесу́ на поля́не стоя́ла избу́шка, а в избу́шке жила́ ба́ба-яга́: никого́ она́ к себе́ не подпуска́ла и е́ла люде́й, как цыпля́т. Перебра́вшись на новосе́лье, купчи́ха то и де́ло посыла́ла за че́м-нибудь в лес ненави́стную ей Васили́су, но э́та завсегда́ возвраща́лась домо́й благополу́чно: ку́колка ука́зывала ей доро́гу и не подпуска́ла к избу́шке ба́бы-яги́.

Пришла́ о́сень. Ма́чеха разда́ла всем трем де́вушкам вече́рние рабо́ты: одну́ заста́вила кружева́ плести́, другу́ю чулки́ вя́зать, а Васили́су прясть, и всем по уро́кам. Погаси́ла ого́нь во всем до́ме, оста́вила то́лько одну́ све́чку там, где рабо́тали де́вушки, и сама́ легла́ спать. Де́вушки рабо́тали. Вот нагоре́ло на све́чке: одна́ из ма́чехиных дочере́й взяла́ щипцы́, чтоб пропра́вить свети́льню, да вме́сто того́, по прика́зу ма́тери, как бу́дто неча́янно и потуши́ла све́чку. «Что тепе́рь нам де́лать? —
44 говори́ли де́вушки. — Огня́ нет в це́лом до́ме,
45 а уро́ки на́ши не ко́нчены. На́до сбе́гать за ог-

Einige Jahre sind vergangen; Wassilissa ist aufgewachsen und ins Brautalter gekommen. Alle Bräutigame der Stadt freien um Wassilissa; die Töchter der Stiefmutter sieht niemand an. Die Stiefmutter, böser denn je, antwortet allen Freiern: «Ich gebe die Jüngste nicht vor den Älteren her!» Und nachdem sie die Freier hinausgeleitet hat, läßt sie ihre Wut mit Prügeln an Wassilissa aus.

Da ergab es sich einmal, daß der Kaufmann für längere Zeit in Geschäften von Hause wegfahren mußte. Die Stiefmutter zog derweil in ein anderes Haus um, und neben diesem Hause war ein dunkler Wald, und im Walde auf einer Lichtung stand eine kleine Hütte, in dieser Hütte aber lebte eine Hexe. Sie ließ niemand in ihre Nähe und aß Menschen wie Küken. Nach dem Umzug in die neue Wohnung fing die Kaufmannsfrau an, die ihr verhaßte Wassilissa immerfort in den Wald hinaus zu schicken, doch die kehrte stets wohlbehalten zurück: die Puppe zeigte ihr den Weg und ließ sie der Hexenhütte nicht nahekommen.

Es kam der Herbst. Die Stiefmutter teilte allen drei Mädchen die Abendarbeit ein: die eine ließ sie Spitzen flechten, die andere Stümpfe stricken, Wassilissa aber spinnen, und allen gab sie bestimmte Aufgaben. Sie löschte alle Lichter im Haus, ließ nur eine Kerze dort, wo die Mädchen arbeiteten, und legte sich selbst schlafen. Die Mädchen arbeiteten. Da fing die Kerze an zu blaken. Eine von den Töchtern der Stiefmutter ergriff die Lichtschere, um den Docht zu kürzen, löschte aber stattdessen, nach Anweisung der Mutter, wie zufällig, die Kerze aus. «Was fangen wir jetzt an?» sagten die Mädchen. «Feuer gibt es im ganzen Haus keines mehr, aber unsere Aufgaben sind noch nicht beendet. Man muß zur Hexe laufen, um Feuer

нем к бабе-яге!» — «Мне от булавок светло! — сказала та, что плела кружево. — Я не пойду». — «И я не пойду, — сказала та, что вязала чулок. — Мне от спиц светло!» — «Тебе за огнем идти, — закричали обе. — Ступай к бабе-яге!» — и вытолкали Василису из горницы.

Василиса пошла в свой чуланчик, поставила перед куклою приготовленный ужин и сказала: «На, куколка, покушай да моего горя послушай: меня посылают за огнем к бабе-яге; баба-яга съест меня!» Куколка поела, и глаза ее заблестели, как две свечки. «Не бойся, Василисушка! — сказала она. — Ступай, куда посылают, только меня держи всегда при себе. При мне ничего не станется с тобой у бабы-яги». Василиса собралась, положила куколку свою в карман и, перекрестившись, пошла в дремучий лес.

Идет она и дрожит. Вдруг скачет мимо ее всадник: сам белый, одет в белом, конь под ним белый, и сбруя на коне белая, — на дворе стало рассветать.

Идет она дальше, как скачет другой всадник: сам красный, одет в красном и на красном коне, стало всходить солнце.

Василиса прошла всю ночь и весь день, только к следующему вечеру вышла на полянку, где стояла избушка яги-бабы; забор вокруг избы из человечьих костей, на заборе торчат черепа людские, с глазами; вместо
46 верей у ворот — ноги человечьи, вместо запо-
47 ров — руки, вместо замка — рот с острыми

zu holen!» – «Mir geben die Stecknadeln Licht genug», sagte die, welche Spitzen flocht, «ich werde nicht gehen.» – «Auch ich gehe nicht», sagte die, welche Strümpfe strickte, «mir ist von den Stricknadeln hell genug!» – «Du mußt nach Feuer gehen», riefen beide, «lauf zur Hexe!» Und sie stießen Wassilissa aus der Wohnstube.

Wassilissa ging in ihr Kämmerlein, stellte ein vorbereitetes Abendessen vor die Puppe und sagte: «Da, Püppchen, iß und höre mein Leid an: ich werde nach Feuer zur Hexe geschickt; die Hexe wird mich fressen!»

Die Puppe hatte gegessen und ihre Augen leuchteten auf wie zwei Kerzen. «Fürchte dich nicht, Wassilissa!» sagte sie, «geh ruhig wohin man dich schickt, nur behalte mich immer bei dir. In meiner Gegenwart wird dir auch bei der Hexe nichts geschehen». Wassilissa machte sich auf, steckte die Puppe in ihre Tasche, bekreuzigte sich und ging in den finsteren Wald.

Da geht sie und zittert. Plötzlich sprengt ein Reiter an ihr vorüber: selber weiß, weiß gekleidet, weiß auch das Roß unter ihm und weiß das Geschirr des Rosses – es wurde Tag über dem Lande.

Weiter geht sie, da sprengt ein anderer Reiter vorüber: selber rot, rot gekleidet, auf einem roten Roß – und die Sonne ging auf.

Wassilissa wanderte die ganze Nacht und den ganzen Tag lang, erst am nächsten Abend kam sie auf die Lichtung heraus, wo die Hütte der Hexe stand. Der Zaun um die Hütte ist aus Menschenknochen, auf dem Zaun ragen Menschenschädel empor, mit Augen; anstelle von Torpfosten sind da Menschenbeine, anstelle von Riegeln Hände, anstelle eines Schlosses ein Mund mit scharfen Zähnen.

зуба́ми. Васили́са обомле́ла от у́жаса и ста́ла как вко́панная. Вдруг е́дет опя́ть вса́дник: сам че́рный, оде́т во всем че́рном и на че́рном коне́; подскака́л к воро́там ба́бы-яги́ и исче́з, как сквозь землю́ провали́лся, — наста́ла ночь. Но темнота́ продолжа́лась недо́лго: у всех черепо́в на забо́ре засвети́лись глаза́, и на всей поля́не ста́ло светло́, как среди́ дня. Васили́са дрожа́ла со стра́ху, но не зна́я куда́ бежа́ть, остава́лась на ме́сте.

Ско́ро послы́шался в лесу́ стра́шный шум: дере́вья треща́ли, сухи́е ли́стья хрусте́ли; выехала из лесу́ ба́ба-яга́ — в сту́пе е́дет, песто́м погоня́ет, поме́лом след замета́ет. Подъе́хала к воро́там, останови́лась и, обню́хав вокру́г себя́, закрича́ла: «Фу, фу! Ру́сским ду́хом па́хнет! Кто здесь?» Васили́са подошла́ к стару́хе со стра́хом и, ни́зко поклоня́сь, сказа́ла: «Э́то я, ба́бушка! Ма́чехины до́чери присла́ли меня́ за огне́м к тебе́». — «Хорошо́, — сказа́ла яга́-ба́ба, — зна́ю я их, поживи́ ты напере́д да порабо́тай у меня́, тогда́ и дам тебе́ огня́; а коли́ нет, так я тебя́ съем!» Пото́м обрати́лась к воро́там и вскри́кнула: «Эй, запо́ры мои́ кре́пкие, отомкни́тесь; воро́та мои́ широ́кие, отвори́тесь!» Воро́та отвори́лись, и ба́ба-яга́ въе́хала, посви́стывая, за не́ю вошла́ Васили́са. Войдя́ в го́рницу, ба́ба-яга́ растяну́лась и говори́т Васили́се: «Подава́й-ка сюда́, что там есть в печи́: я есть хочу́».

48 Васили́са зажгла́ лучи́ну от тех черепо́в,
49 что на забо́ре, и на́чала таска́ть из пе́чки да

Wassilissa erstarrte vor Schreck und stand da wie angewurzelt. Plötzlich kommt wieder ein Reiter: selber schwarz, schwarz gekleidet und auf einem schwarzen Roß; er sprengte heran an die Pforte der Hexe und verschwand, wie in die Erde versunken – es wurde Nacht. Aber es blieb nicht lange dunkel: an allen Schädeln auf dem Zaun erglühten die Augen, und es wurde auf der ganzen Lichtung hell wie am Tag. Wassilissa zitterte vor Angst, aber da sie nicht wußte, wohin zu fliehen, blieb sie, wo sie war.

Bald darauf hörte man aus dem Walde einen schrecklichen Lärm: Bäume knackten, trockenes Laub raschelte, und aus dem Walde kam die Hexe gefahren – in einem Mörser fährt sie, mit dem Stößel treibt sie ihn, mit dem Ofenbesen verwischt sie die Spuren. Sie fuhr an der Pforte vor, hielt an, und indem sie herum schnupperte, schrie sie: «Pfui, Pfui! Es riecht nach russischem Geist! Wer ist hier?» Wassilissa näherte sich angstvoll dem alten Weib, verbeugte sich tief und sagte: «Das bin ich, Großmütterchen! Die Töchter der Stiefmutter haben mich nach Feuer zu dir geschickt.» –

«Gut», sagte die Hexe, «die kenne ich, bleib du nur vorerst bei mir und arbeite etwas, dann werde ich dir auch Feuer geben; wenn aber nein, dann freß ich dich!» Darauf wandte sie sich der Pforte zu und rief: «Hei, meine festen Riegel, löst euch; meine breite Pforte, öffne dich!» Die Pforte öffnete sich, die Hexe fuhr pfeifend hinein, Wassilissa trat hinter ihr ein. Die Hexe ging in die Wohnstube, streckte sich bequem aus und sagte zu Wassilissa: «Gib her, was da im Ofen ist, ich möchte essen.»

Wassilissa steckte an den Schädeln auf dem Zaun einen Kienspan an und begann das Essen aus dem Ofen

подава́ть яге́ ку́шанье, а ку́шанья настря́пано бы́ло челове́к на де́сять; из по́греба принесла́ она́ ква́су, ме́ду, пи́ва и вина́. Все съе́ла, все вы́пила стару́ха; Васили́се оста́вила то́лько щец немно́жко, кра́юшку хле́ба да кусо́чек порося́тины. Ста́ла яга́-ба́ба спать ложи́ться и говори́т: «Когда́ за́втра я уе́ду, ты смотри́ — двор вы́чисти, избу́ вы́мети, обе́д состря́пай, белье́ пригото́вь, да пойди́ в закро́м, возьми́ че́тверть пшени́цы и очи́сть ее́ от черну́шки. Да чтоб все бы́ло сде́лано, а не то — съем тебя́!» По́сле тако́го нака́зу ба́ба-яга́ захрапе́ла; а Васили́са поста́вила стару́хины объе́дки пе́ред ку́клою, зали́лась слеза́ми и говори́ла: «На, ку́колка, поку́шай, моего́ го́ря послу́шай! Тяже́лую дала́ мне яга́-ба́ба рабо́ту и грози́тся съесть меня́, коли́ всего́ не испо́лню; помоги́ мне!» Ку́кла отве́тила: «Не бо́йся, Васили́са Прекра́сная! Поу́жинай, помоли́ся да спать ложи́ся; у́тро мудрене́й ве́чера!»

Ране́шенько просну́лась Васили́са, а ба́ба-яга́ уже́ вста́ла, вы́глянула в окно́: у черепо́в глаза́ потуха́ют; вот мелькну́л бе́лый вса́дник — и совсе́м рассвело́. Ба́ба-яга́ вы́шла на двор, свистнула — пе́ред ней яви́лась сту́па с песто́м и поме́лом. Промелькну́л кра́сный вса́дник — взошло́ со́лнце. Ба́ба-яга́ се́ла в сту́пу и выехала со двора́, песто́м погоня́ет, поме́лом след замета́ет. Оста́лась Васили́са одна, осмотре́ла дом ба́бы-яги́, подиви́лась изоби́лью во всем и останови́лась в разду́мье: за каку́ю рабо́ту ей пре́жде всего́ приня́ться. Гляди́т, а

heranzuschleppen und die Hexe zu bedienen, und Essen war da aufgehäuft für Zehne; aus dem Keller holte sie Kwass, Honig, Bier und Wein. Alles aß das alte Weib auf, alles trank sie aus; für Wassilissa ließ sie nur ein wenig Kohlsüppchen, ein Endchen Brot und ein Stückchen Ferkelfleisch übrig. Dann legte sich die Hexe zum Schlafen nieder und sprach: «Wenn ich morgen wegfahre, sieh zu, daß du den Hof säuberst, die Hütte ausfegst, das Mittagessen bereitest, die Wäsche besorgst, in den Speicher gehst, ein Viertel Weizen herausnimmst und ihn vom Schwarzkorn reinigst. Und daß du das auch alles machst – wenn nicht, fresse ich dich!» Nach dieser Anweisung fing die Hexe an zu schnarchen. Wassilissa aber stellte die Reste des Essens vor ihre Puppe, löste sich in Tränen auf und sagte: «Da, Püppchen, iß und höre mein Leid an! Eine schwere Arbeit hat mir die Hexe aufgegeben, und sie droht mir, mich zu fressen, wenn ich sie nicht schaffe; hilf mir!» Die Puppe antwortete: «Fürchte dich nicht, Wassilissa, du Schöne! Iß zu Abend, bete und leg dich schlafen; der Morgen ist klüger als der Abend!»

Ganz früh erwachte Wassilissa, als die Hexe schon aufgestanden war, und schaute aus dem Fenster: für einen Augenblick wurde der weiße Reiter sichtbar – da wurde es ganz hell. Die Hexe trat auf den Hof hinaus, tat einen Pfiff – und vor ihr erschien der Mörser mit dem Stößel und dem Ofenbesen. Der rote Reiter erschien für einen Augenblick – da ging die Sonne auf. Die Hexe setzte sich in den Mörser und fuhr vom Hofe, trieb mit dem Stößel an und verwischte mit dem Ofenbesen die Spuren. Wassilissa blieb allein, sah sich im Hause der Hexe um, wunderte sich über den Überfluß an allem und blieb nachdenkend stehen: welche Arbeit sollte sie als erste vornehmen? Sie schaut

вся рабо́та уже́ сде́лана; ку́колка выбира́ла из пшени́цы после́дние зёрна черну́шки. «Ах ты, избави́тельница моя́!— сказа́ла Васили́са ку́колке. — Ты от беды́ меня́ спасла́». — «Тебе́ оста́лось то́лько обе́д состря́пать, — отвеча́ла ку́колка, влеза́я в карма́н Васили́сы. — Состря́пай с Бо́гом, да и отдыха́й на здоро́вье!»

К ве́черу Васили́са собра́ла на стол и ждет ба́бу-ягу́. На́чало смерка́ться, мелькну́л за воро́тами чёрный вса́дник — и совсе́м стемне́ло; то́лько свети́лись глаза́ у черепо́в. Затреща́ли дере́вья, захрусте́ли ли́стья — е́дет ба́ба-яга́. Васили́са встре́тила ее́. «Все ли сде́лано?» — спра́шивает яга́. «Изво́ль посмотре́ть сама́, ба́бушка!» — мо́лвила Васили́са. Ба́ба-яга́ все осмотре́ла, подоса́довала, что не за что рассерди́ться, и сказа́ла: «Ну, хорошо́!» Пото́м кри́кнула: «Ве́рные мои́ слуги́, серде́чные дру́ги, смели́те мою́ пшени́цу!» Яви́лись три па́ры рук, схвати́ли пшени́цу и унесли́ вон из глаз. Ба́ба-яга́ нае́лась, ста́ла ложи́ться спать и опя́ть дала́ прика́з Васили́се: «За́втра сде́лай ты то же, что и ны́нче, да сверх того́ возьми́ из закро́ма мак да очисти́ его́ от земли́ по зёрнышку, вишь, кто́-то по зло́бе земли́ в него́ намеша́л!» Сказа́ла ста́руха, поверну́лась к стене́ и захрапе́ла, а Васили́са приняла́сь корми́ть свою́ ку́колку. Ку́колка пое́ла и сказа́ла ей по-вчера́шнему: «Моли́сь Бо́гу да ложи́сь спать; у́тро ве́чера мудрене́е, все бу́дет сде-
52 лано, Васили́сушка!»

53 На́утро ба́ба-яга́ опя́ть уе́хала в сту́пе со

sich um, und siehe, alle Arbeit ist schon getan: die Puppe ist gerade dabei, die letzten Schwarzkörner aus dem Weizen auszulesen. «Ach du meine Befreierin, du hast mich aus der Not errettet!» – «Dir bleibt noch übrig, das Essen zu bereiten», antwortete die Puppe, indem sie Wassilissa in die Tasche kroch. «Tu es mit Gott, und ruh dich aus in Gesundheit.»

Gegen Abend deckte Wassilissa den Tisch und erwartete die Hexe. Es dämmerte schon, der schwarze Reiter war für einen Augenblick vor der Pforte zu sehen – und es wurde völlig dunkel; nur die Augen in den Schädeln leuchteten. Die Bäume knackten, trockenes Laub raschelte – die Hexe kommt angefahren. Wassilissa begrüßte sie. «Ist alles getan?» fragte die Hexe. – «Bitte überzeug dich selbst, Großmütterchen.» Die Hexe sah sich alles an, ärgerte sich, daß sie sich über nichts erbosen konnte, und sagte: «Nun gut!» Dann rief sie: «Meine getreuen Diener, meine lieben Freunde, mahlt mir meinen Weizen!» Es erschienen drei Paar Hände, ergriffen den Weizen und trugen ihn fort, aus den Augen.

Die Hexe aß sich satt, und indem sie sich schlafen legte, gab sie Wassilissa wieder die Anweisung: «Morgen mache du das gleiche wie heute, und überdies hol aus dem Speicher den Mohn und reinige ihn Körnchen für Körnchen von der Erde, die jemand aus Bosheit ihm beigemengt hat!» So sprach das alte Weib, drehte sich zur Wand und fing an zu schnarchen. Wassilissa aber machte sich daran, ihre Puppe zu füttern. Die Puppe aß auf und sagte ihr, wie gestern: «Bete zu Gott und leg dich schlafen; der Morgen ist klüger als der Abend, alles wird getan werden, Wassilissa.»

Morgens fuhr die Hexe wieder im Mörser vom Hofe,

двора́, а Васили́са с ку́колкой всю рабо́ту тотча́с испра́вили. Стару́ха вороти́лась, огляде́ла все и кри́кнула: «Ве́рные мои́ слуги́, серде́чные дру́ги, выжми́те из ма́ку ма́сло!» Яви́лись три па́ры рук, схвати́ли мак и унесли́ из глаз. Ба́ба-яга́ се́ла обе́дать; она́ ест, а Васили́са стои́т мо́лча. «Что ж ты ничего́ не говори́шь со мно́ю? — сказа́ла ба́ба-яга́. — Стои́шь как нема́я!» — «Не сме́ла, — отвеча́ла Васили́са, — а е́сли позво́лишь, то мне хоте́лось бы спроси́ть тебя́ кой о чем». — «Спра́шивай; то́лько не вся́кий вопро́с к добру́ веде́т: мно́го бу́дешь знать, ско́ро состаре́ешься!» — «Я хочу́ спроси́ть тебя́, ба́бушка, то́лько о том, что ви́дела: когда́ я шла к тебе́, меня́ обогна́л вса́дник на бе́лом коне́, сам бе́лый и в бе́лой оде́жде: кто он тако́й?» — «Это день мой я́сный», — отвеча́ла ба́ба-яга́. «Пото́м обогна́л меня́ друго́й вса́дник на кра́сном коне́, сам кра́сный и весь в кра́сном оде́т; э́то кто тако́й? — «Э́то мое́ со́лнышко кра́сное!» — отвеча́ла ба́ба-яга́. «А что зна́чит че́рный вса́дник, кото́рый обогна́л меня́ у са́мых твои́х воро́т, ба́бушка?» — «Э́то ночь моя́ те́мная — всё мои́ слуги́ ве́рные!»

Васили́са вспо́мнила о трех па́рах рук и молча́ла. «Что ж ты еще́ не спра́шиваешь?» — мо́лвила ба́ба-яга́. «Бу́дет с меня́ и э́того; сама́ ж ты, ба́бушка, сказа́ла, что мно́го узна́ешь — состаре́ешься». — «Хорошо́, — сказа́ла ба́ба-яга́, — что ты спра́шиваешь то́лько о том, что вида́ла за дворо́м, а не во дворе́! Я не люблю́, чтоб у меня́ сор из избы́ выноси́ли,

und Wassilissa und die Puppe schaffen alsbald die ganze Arbeit. Die Alte kehrte zurück, sah sich um und rief: «Meine getreuen Diener, meine lieben Freunde, preßt aus dem Mohn das Öl!» Es erschienen drei Paar Hände, ergriffen den Mohn und trugen ihn fort, aus den Augen. Die Hexe setzte sich zum Essen; sie ißt, aber Wassilissa steht schweigend dabei. «Warum sprichst du heute nicht mit mir?» sagte die Hexe. «Du stehst da wie eine Stumme!» – «Ich wagte es nicht», antwortete Wassilissa, «aber wenn du erlaubst, möchte ich dich wohl etwas fragen.» – «Frage nur; aber nicht jede Frage führt zum Guten: Wirst du viel wissen, wirst du schnell altern!» –

«Ich möchte dich nur nach dem fragen, Großmutter, was ich gesehen habe: als ich zu dir kam, überholte mich ein Reiter auf weißem Roß, selber weiß und weiß gekleidet; wer ist das?» – «Das ist mein heller Tag», antwortete die Hexe. – «Danach überholte mich ein anderer Reiter auf rotem Roß, selber rot und ganz in Rot gekleidet; wer ist das?» – «Das ist mein rotes Sonnchen!» antwortete die Hexe. – «Aber was bedeutet der schwarze Reiter, der mich kurz vor deiner Pforte überholte, Großmutter?» – «Das ist meine dunkle Nacht – sind alles meine getreuen Diener!»

Wassilissa erinnerte sich der drei Paar Hände, aber sie schwieg. «Warum fragst du nicht weiter?» sprach die Hexe. – «Dies soll mir genügen; du hast ja selbst gesagt, Großmutter: Wirst du viel wissen, wirst du schnell altern.» –

«Es ist gut», sagte die Hexe, «daß du nur danach fragst, was du vor dem Hof, und nicht, was du auf dem Hof gesehen hast! Ich mag es nicht, daß man mir den

и сли́шком любопы́тных ем! Тепе́рь я тебя́ спрошу́: как успева́ешь ты исполня́ть рабо́ту, кото́рую я задаю́ тебе́?» — «Мне помога́ет благослове́ние моей ма́тери», — отвеча́ла Васили́са. «Так вот что! Убира́йся же ты от меня́, благослове́нная до́чка! Не ну́жно мне благослове́нных». Вы́тащила она́ Васили́су из го́рницы и вы́толкала за воро́та, сняла́ с забо́ра оди́н че́реп с горя́щими глаза́ми и, наткну́в на па́лку, о́тдала ей и сказа́ла: «Вот тебе́ ого́нь для мачехи́ных до́чек, возьми́ его́; они́ ведь за э́тим тебя́ сюда́ и присла́ли».

Бего́м пусти́лась домо́й Васили́са при све́те черепа́, кото́рый пога́с то́лько с наступле́нием утра́, и наконе́ц, к ве́черу друго́го дня добра́лась до своего́ до́ма. Подходя́ к воро́там, она́ хоте́ла бы́ло бро́сить че́реп: «Ве́рно, до́ма, — ду́мает себе́, — уж бо́льше в огне́ не нужда́ются». Но вдруг послы́шался глухо́й го́лос из черепа́: «Не броса́й меня́, неси́ к ма́чехе!»

Она́ взгляну́ла на дом ма́чехи и, не ви́дя ни в одно́м окне́ огонька́, реши́лась идти́ туда́ с черепо́м. Впервы́е встре́тили её ла́сково и рассказа́ли, что с той поры́, как она́ ушла́, у них не́ было в до́ме огня́: сами́ вы́сечь ника́к не могли́, а кото́рый ого́нь приноси́ли от сосе́дей — тот погаса́л, как то́лько входи́ли с ним в го́рницу. «Аво́сь твой ого́нь бу́дет держа́ться!» — сказа́ла ма́чеха. Внесли́ че́реп в го́рницу; а глаза́ из черепа́ так и глядя́т на ма́чеху и её дочере́й, так и жгут! Те бы́ло пря́таться, но куда́ ни бро́сятся — глаза́ всюду

Kehricht aus der Hütte trägt, und allzu Neugierige fresse ich! Jetzt werde ich dich fragen: wie gelingt es dir, die Arbeit, die ich dir aufgebe, so schnell zu schaffen?» – «Mir hilft der Segen meiner Mutter», antwortete Wassilissa. «Das ist es also! Pack dich hinweg von mir, gesegnetes Töchterchen! Ich brauche keine Gesegneten.» Sie zog Wassilissa aus der Wohnstube, stieß sie aus der Pforte hinaus, nahm vom Zaun einen Schädel mit glühenden Augen, steckte ihn auf einen Stock und gab ihn ihr, indem sie sagte: «Da hast du das Feuer für Stiefmutters Töchter, nimm es, darum hatten sie dich ja hergeschickt.»

In großer Hast lief Wassilissa nach Hause, beim Schein des Schädels, der erst erlosch, als der Tag anbrach, und endlich am Abend des nächsten Tages erreichte sie ihr Haus. An der Pforte angekommen, wollte sie den Schädel fortwerfen: «Sicher», dachte sie, «haben sie zu Hause längst kein Feuer mehr nötig.» Aber da ertönte plötzlich eine dumpfe Stimme aus dem Schädel: «Wirf mich nicht fort, bring mich zur Stiefmutter!»

Sie blickte auf das Haus der Stiefmutter und, da sie in keinem Fenster Licht sah, beschloß sie, mit dem Schädel einzutreten. Zum ersten Mal wurde sie freundlich begrüßt, und man erzählte ihr, daß von da an, als sie fortgegangen war, im Hause kein Licht mehr gewesen sei; selber Feuer zu schlagen, sei auf keine Weise gelungen, und jedes Feuer, das von den Nachbarn geholt wurde, sei sofort beim Betreten des Wohnzimmers erloschen. «Vielleicht wird dein Feuer sich halten!» sagte die Stiefmutter. Der Schädel wurde ins Wohnzimmer geholt. Aber die Augen im Schädel starren nur so auf die Stiefmutter und ihre Töchter und glühen nur so! Die versuchen sich zu verstecken, aber wohin sie sich auch werfen – die Augen folgen ihnen nach;

за ни́ми так и следя́т; к утру́ совсе́м сожгло́ их в у́голь; одно́й Васили́сы не тро́нуло.

Поутру́ Васили́са зары́ла че́реп в землю́, заперла́ дом на замо́к, пошла́ в го́род и попроси́лась на житье́ к одно́й безро́дной стару́шке; живе́т себе́ и поджида́ет отца́. Вот ка́к-то говори́т она́ стару́шке: «Ску́чно мне сиде́ть без де́ла, ба́бушка! Сходи́, купи́ мне льну са́мого лу́чшего; я хоть прясть бу́ду». Стару́шка купи́ла льну́ хоро́шего; Васили́са се́ла за де́ло, рабо́та так и гори́т у нее́, и пря́жа выхо́дит ро́вная да то́нкая, как волосо́к. Набра́лось пря́жи мно́го; пора́ бы и за тка́нье принима́ться, да таки́х берд не найду́т, что́бы годи́лись на Васили́сину пря́жу; никто́ не бере́тся и сде́лать-то. Васили́са ста́ла проси́ть свою́ ку́колку, та и говори́т: «Принеси́-ка мне како́е-нибу́дь ста́рое бердо́, да ста́рый челно́к, да лошади́ной гри́вы; я все тебе́ смастерю́».

Васили́са добы́ла все, что на́до, и легла́ спать, а ку́кла за ночь пригото́вила сла́вный стан. К концу́ зимы́ и полотно́ вы́ткано, да тако́е то́нкое, что сквозь иглу́ вме́сто нитки проде́ть мо́жно. Весно́ю полотно́ вы́белили, и Васили́са говори́т стару́хе: «Прода́й, ба́бушка, э́то полотно́, а де́ньги возьми́ себе́». Стару́ха взгляну́ла на това́р и а́хнула: «Нет, дитя́тко! Тако́го полотна́, кро́ме царя́, носи́ть не́кому; понесу́ во дворе́ц». Пошла́ стару́ха к ца́рским пала́там да все ми́мо о́кон поха́живает. Царь
58 увида́л и спроси́л: «Что тебе, стару́шка, на́-
59 добно?» — «Ва́ше ца́рское вели́чество, —

und gegen Morgen hatten sie sie in einem Winkel ganz verbrannt. Nur Wassilissa blieb unberührt.

Am Morgen vergrub Wassilissa den Schädel in der Erde, verschloß das Haus, ging in die Stadt und erbat sich Aufnahme bei einer allein wohnenden alten Frau. So lebt sie und wartet auf den Vater. Eines Tages sagt sie zum alten Frauchen: «Langweilig ist es mir, ohne Arbeit hier zu sitzen, Großmutter! Geh, kauf mir Flachs, vom besten. So werde ich eben spinnen.» Das alte Mütterchen kaufte guten Flachs. Wassilissa setzte sich an die Arbeit, die unter ihren Händen nur so brennt, und der Spinnfaden kommt so gleichmäßig und fein heraus wie ein Härchen. Es kam viel gesponnenes Garn zusammen und es wurde Zeit, ans Weben zu gehen, aber einen so feinen Weberkamm, daß er sich für Wassilissas Garn eignete, kann man nicht finden; und niemand übernimmt es, einen herzustellen. Wassilissa befragte ihre Puppe, und die sagte: «Bring mir irgendeinen alten Weberkamm, ein altes Weberschiffchen und etwas Roßhaar; ich werde dir alles zusammenbauen.»

Wassilissa besorgte alles Nötige und legte sich schlafen, die Puppe aber fertigte über Nacht einen vortrefflichen Webstuhl an. Gegen Ende des Winters ist auch alle Leinwand gewebt, und zwar so fein, daß man sie wie einen Faden durch eine Nadel ziehen könnte. Im Frühjahr wurde die Leinwand gebleicht, und Wassilissa sagte zur alten Frau: «Verkauf die Leinwand, Großmutter, und behalte das Geld für dich.» Die Alte besah sich die Ware und staunte: «Nein, Kindchen! Ein solches Leinen zu tragen kommt niemandem zu als dem Zaren allein. Ich werde es ins Zarenschloß bringen.» So ging denn die alte Frau zum Palast des Zaren und trippelte vor den Fenstern auf und ab. Der Zar erblickte sie und fragte: «Was

отвеча́ет стару́ха, — я принесла́ дико́винный това́р; никому́, окро́ме тебя́, показа́ть не хочу́». Царь приказа́л впусти́ть к себе́ стару́ху и как уви́дел полотно́ — вздивова́лся. «Что хо́чешь за него́?» — спроси́л царь. «Ему́ це́ны нет, царь-ба́тюшка! Я тебе́ в дар его́ принесла́». Поблагодари́л царь и отпусти́л стару́ху с пода́рками.

Ста́ли царю́ из того́ полотна́ соро́чки шить; вскро́или, да нигде́ не могли́ найти́ шве́и, кото́рая взяла́сь бы их рабо́тать. До́лго иска́ли; наконе́ц царь позва́л стару́ху и сказа́л: «Уме́ла ты напря́сть и сотка́ть тако́е полотно́, уме́й из него́ и соро́чки сшить». — «Не я, госуда́рь, пряла́ и сотка́ла полотно́, — сказа́ла стару́ха, — э́то рабо́та прие́мыша моего́ — де́вушки». — «Ну так пусть и сошье́т она́!» Вороти́лась стару́шка домо́й и рассказа́ла о́бо всем Васили́се. «Я зна́ла, — говори́т ей Васили́са, — что э́та рабо́та мои́х рук не мину́ет». Заперла́сь в свою́ го́рницу, приняла́сь за рабо́ту; ши́ла она́ не покла́дываючи рук, и ско́ро дю́жина соро́чек была́ гото́ва.

Стару́ха понесла́ к царю́ соро́чки, а Васили́са умы́лась, приче́салась, оде́лась и се́ла под окно́м. Сиди́т себе́ и ждет, что бу́дет. Ви́дит: на двор к стару́хе иде́т ца́рский слуга́; воше́л в го́рницу и говори́т:

«Царь-госуда́рь хо́чет ви́деть иску́сницу, что рабо́тала ему́ соро́чки, и награди́ть ее́ из свои́х ца́рских рук». Пошла́ Васили́са и яви́лась пред о́чи ца́рские. Как

möchtest du, altes Frauchen?» – «Euer Zarische Majestät», antwortete die Alte, «ich bringe wunderbare Ware; niemandem außer dir möchte ich sie zeigen!» Der Zar befahl, die Alte zu sich einzulassen, und beim Anblick der Leinwand verwunderte er sich. «Was willst du dafür?» fragte der Zar. – «Dafür gibt es keinen Preis, Väterchen Zar! Ich bringe es dir zum Geschenk!» Der Zar bedankte sich und entließ die Alte mit Geschenken.

Man fing an, dem Zaren aus dem Leinen Hemden zu machen; sie wurden zugeschnitten, aber nirgends war eine Näherin zu finden, die die Näharbeit übernommen hätte. Man hatte lange gesucht, endlich berief der Zar die alte Frau zu sich und sagte zur ihr: «Hast du verstanden zu spinnen und zu weben, so wirst du auch verstehen Hemden daraus zu nähen.» – «Herr, nicht ich habe die Leinwand gesponnen und gewebt», sagte die Alte, «sie ist die Arbeit meiner angenommenen Tochter». – «Nun, so mag sie auch nähen!» Die Alte kehrte nach Hause zurück und erzählte Wassilissa alles. «Ich wußte es», sagte Wassilissa zu ihr, «daß diese Arbeit meinen Händen nicht erspart bleibt.» Sie schloß sich in ihre Wohnstube ein und machte sich an die Arbeit; sie nähte, ohne ihren Händen Ruhe zu gönnen, und bald war ein Dutzend Hemden fertig.

Die Alte brachte die Hemden dem Zaren, Wassilissa aber wusch sich, kämmte sich, kleidete sich schön an und setzte sich ans Fenster. Da sitzt sie und wartet, was geschehen wird. Und sie sieht: auf den Hof der alten Frau kommt ein Zarendiener; er tritt ins Wohnzimmer und spricht: «Der Zar, unser Herrscher, wünscht die Künstlerin zu sehen, die ihm die Hemden gemacht hat, und sie aus seinen Zarenhänden zu belohnen.» Und Wassilissa ging hin und trat dem Zaren vor die Augen. Sowie der Zar

уви́дел царь Васили́су Прекра́сную, так и влюби́лся в нее́ без па́мяти. «Нет, — говори́т он, — краса́вица моя́! Не расста́нусь я с тобо́ю; ты бу́дешь мое́й жено́ю». Тут взял царь Васили́су за бе́лые ру́ки, посади́л ее́ по́дле себя́, а там и сва́дебку сыгра́ли. Ско́ро вороти́лся и оте́ц Васили́сы, пора́довался об ее́ судьбе́ и оста́лся жить при до́чери. Стару́шку Васили́са взяла́ к себе́, а ку́колку по коне́ц жи́зни свое́й всегда́ носи́ла в карма́не.

Wassilissa die Schöne erblickte, verliebte er sich auch besinnungslos in sie. «Nein», spricht er, «mein wunderschönes Mädchen, ich trenne mich nicht mehr von dir, du wirst meine Frau werden.» Und der Zar nahm Wassilissa bei den weißen Händen, setzte sie neben sich, und die Hochzeit wurde gefeiert. Bald kehrte auch Wassilissas Vater heim, freute sich über ihr Los und blieb bei ihr für sein Leben. Wassilissa nahm auch die alte Frau zu sich, und die Puppe trug sie bis an ihr Lebensende immer in der Tasche.

Ска́зка о си́льном и хра́бром непобеди́мом богатыре́ Ива́не-царе́виче и о прекра́сной его́ супру́жнице Царь-де́вице

В не́коем ца́рстве, в не́коем госуда́рстве жил-был царь по и́мени Ахриде́й, и тот царь жил с свое́ю супру́гою Да́рьею мно́го лет, а дете́й не име́л. Уже́ приходи́ли они́ к ста́рости, и на́чали Бо́гу моли́ться, что́бы дарова́л им де́тище. Ско́ро по́сле того́ цари́ца Да́рья обереме́нела, и чрез обыкнове́нное вре́мя роди́ла прекра́сную дочь, кото́рую назва́ли Луно́ю; чрез год роди́ла она́ другу́ю дочь — ещё кра́ше и лу́чше пе́рвой: назва́ли её Звездо́ю. Царе́вны вы́росли, и когда́ бо́льша́я сестра́ была́ по пятна́дцатому году́, а ме́ньшая по четы́рнадцатому, то в не́кое вре́мя пошли́ они́ в зелёный сад гуля́ть с своими ня́нюшками и ма́мушками и гуля́ли там до́лгое вре́мя. Вдруг подня́лся превели́кий вихрь и унёс обе́их царе́вен. Ня́нюшки и ма́мушки испуга́лись побежа́ли к цари́це Да́рье и сказа́ли ей про ту беду́. Цари́ца Да́рья чуть не умерла́ с той

Das Märchen von dem starken und tapferen, unbesiegbaren Helden Iwan Zarewitsch und seiner wunderschönen Gemahlin Zar-Jungfrau

In einem Zarenreich, in einem gewissen Staate lebte einst ein Zar mit Namen Achridej, und dieser Zar lebte mit seiner Gemahlin Darja viele Jahre, aber Kinder hatte er keine. Schon näherten sie sich dem Alter und fingen an zu Gott zu beten, daß er ihnen ein Kindchen schenken möge. Bald danach wurde die Zarin Darja schwanger, und nach der üblichen Zeit gebar sie eine wunderschöne Tochter, die sie Luna nannten. Nach einem Jahr gebar sie eine zweite Tochter, noch schöner und lieblicher als die erste, die nannten sie Swesda. Die Zarentöchter wuchsen auf, und als die ältere Schwester in ihrem fünfzehnten Jahr war, die jüngere aber im vierzehnten, da gingen sie eines Tages in den grünen Garten spazieren, mit ihren Wärterinnen und ihren Kinderfrauen, und spazierten dort eine lange Zeit. Plötzlich erhob sich ein übermächtiger Wirbelwind und trug beide Zarentöchter davon. Die Wärterinnen und die Kinderfrauen erschraken, liefen zur Zarin Darja und berichteten ihr von dem Unglück. Die Zarin Darja wäre fast gestorben bei dieser bitteren Kunde, aber der Zar

горькой ведомости, а царь Ахридей начал клич кликать: кто сыщет царевен, за того отдам любую из них замуж. Ни один богатырь не вызвался. Царь собрал волхвов, стал у них выспрашивать: не знают ли, где его дочери? Но и те отреклись от этого дела.

Вот царь Ахридей потужил немалое время и напоследок начал опять просить Бога, чтобы даровал ему при старости наследника, и роздал великие и щедрые милостыни на бедных и по церквам и по монастырям. Бог услышал молитву, даровал ему сына, Ивана-царевича. Иван-царевич рос не по годам, а по часам, так, как пшеничное тесто на опаре киснет, и когда пришли его совершенные лета, то обучился разным наукам. И проведал Иван-царевич, что были у него две сестры родные, да без вести пропали, и вздумал проситься у отца своего, у матери, чтоб позволили ему идти в дальние государства и проведать о сестрах; пришёл к своему родителю, и поклонился до земли, и стал говорить: «Милостивый батюшка! Я пришёл к тебе не пир пировать, не совет советовать, не крепкую думу думать, а пришёл просить у тебя благословения; хочу я идти в дальние государства и проведать о моих любезных сестрицах, что без вести пропали!» — «Ох ты гой еси, младой юноша Иван-царевич! — сказал ему царь Ахридей. — Куда тебя Бог несёт и в какую
66 пойдёшь ты сторону? Ведь ты ещё млад и к
67 дорожным трудам непривычен». Но Иван-ца-

Achridej begann laut auszurufen: Wer die Zarentöchter finde, dem werde er eine beliebige von ihnen zur Frau geben. Kein einziger der Helden meldete sich. Der Zar berief die Zauberer und fragte sie aus, ob sie vielleicht wüßten, wo sich seine Töchter befänden? Aber auch sie versagten sich dieser Frage.

Da versank der Zar Achridej für lange Zeit in Betrübnis, und danach begann er wieder Gott zu bitten, er möge ihm in seinem Alter einen Nachfolger schenken, und er verteilte große und freigebige Almosen an Arme, Kirchen und Klöster. Gott erhörte sein Gebet und schenkte ihm einen Sohn, den Iwan Zarewitsch. Iwan Zarewitsch wuchs nicht in Jahren, sondern in Stunden auf, so wie ein Teig von Weizenmehl durch Hefe aufgeht, und als er das reife Alter erreicht hatte, erlernte er mehrere Wissenschaften. Und so erfuhr Iwan Zarewitsch auch, daß er zwei leibliche Schwestern hatte, die aber spurlos verschollen seien, und er kam auf den Gedanken, seinen Vater und seine Mutter zu bitten, sie möchten ihm erlauben, in ferne Reiche zu ziehen und nach seinen Schwestern zu forschen.

Er trat vor seinen Vater, verbeugte sich bis zur Erde und sprach also: «Gnädigstes Väterchen! Ich komme zu dir, kein Fest zu feiern, keines Rates zu pflegen, keine großen Gedanken zu erwägen, ich komme, dich um deinen Segen zu bitten. Ich möchte in ferne Reiche ziehen und nach meinen liebwerten Schwestern forschen, die so ohne Kunde verschollen sind.» – «Ach du kühner Held, du junger Jüngling Iwan Zarewitsch», sprach zu ihm Zar Achridej, «wohin wird Gott dich denn führen, in welche Richtung wirst du dich wenden? Du bist ja noch so jung und die Reisemühsal nicht gewöhnt.» Doch Iwan Zarewitsch brachte seine Bitte

ревич просил так неотступно и со слезами, что отец не выдержал — отпустил его. Царевич Богу помолился, на все на четыре стороны поклонился, с отцом, с матерью попрощался и пошел один, как перст, без провожатого.

Идет царевич путем-дорогою несколько месяцев, и случилось ему в некое время идти чрез густой, дремучий лес. Услыхал он в стороне большой шум, направился на тот шум с великим торопом и увидел, что дерутся промеж себя два лешие. Подошел к ним. «Послушайте, — спрашивает, — за что вы деретесь? Скажите-ка мне, я вас помирю». Отвечал ему один леший: «Добрый человек! Рассуди, пожалуй, нашу ссору; вот посмотри, шли мы двое дорогою и нашли шляпу-невидимку, сапоги-самоходы и скатерть-самобранку: стоит только развернуть скатерть, тотчас выпрыгнут из нее двенадцать добрых молодцев да двенадцать красных девиц, принесут разных кушаньев и напитков и начнут потчевать. Из этой находки сапоги да шляпу беру я себе, а скатерть отдаю моему товарищу; а он хочет всем овладеть и для того вступил со мной в драку». — «Хорошо, — сказал Иван-царевич, — я ваше дело разберу, только дайте и мне долю». Лешие согласились. Тогда Иван-царевич сказал им: «Бегите по этой дороге изо всей мочи, и кто кого на трех верстах опередит, тому и достанется вся находка». Оба
68 лешие с радостью побежали по указанной до-
69 роге, и скоро совсем из виду скрылись; Иван-

so nachhaltig und mit Tränen vor, daß der Vater es nicht aushielt und ihn entließ. Der Zarensohn betete zu Gott, verneigte sich nach allen vier Richtungen, nahm Abschied von Vater und Mutter und ging stockallein ohne Begleitung davon.

So zieht der Zarensohn seines Weges, seiner Straße, mehrere Monate lang. Und zu einer gewissen Zeit kam er durch einen dichten, dunklen Wald. Da hörte er in einiger Entfernung einen gewaltigen Lärm, und schleunigst ging er diesem Lärm nach; er sah, daß dort zwei Waldschrate miteinander kämpften. Er trat näher heran und fragte: «Hört mal zu! Worum kämpft ihr? Sagt es mir doch, ich werde euch versöhnen.» Ihm antwortete der eine Waldschrat: «Guter Mensch! Entscheide bitte unseren Streit. Sieh, wir gingen so zu zweien unseres Weges und fanden eine Tarnkappe, ein Paar Selbstgehstiefel und ein selbstbewirtendes Tischtuch: man braucht das Tuch nur aufzufalten, und sogleich springen aus ihm zwölf treffliche junge Burschen und zwölf schöne junge Mädchen heraus, tragen verschiedene Speisen und Getränke auf und beginnen uns zu bewirten. Von diesem Fund nehme ich die Stiefel und die Kappe und lasse das Tischtuch meinem Gefährten; er aber will alles haben und hat darüber den Streit mit mir angefangen.» –

«Gut», sagte Iwan Zarewitsch, «ich werde eure Sache verhandeln, doch gebt mir auch meinen Teil.» Die Waldschrate waren einverstanden. Dann sagte Iwan Zarewitsch zu ihnen: «Lauft mit aller Kraft auf diesem Wege, und wer dem anderen nach drei Werst voraus ist, der erhält den ganzen Fund.» Beide Waldschrate rannten mit Freuden auf dem angezeigten Weg davon und waren bald ganz dem Blick entschwunden. Iwan Zarewitsch zog die

царевич надел на себя сапоги-самоходы и шляпу-невидимку, скатерть-самобранку взял под мышку и пошел дальше. Когда лешие воротились назад, то не нашли ни Ивана-царевича, ни своих находок и бросились искать его по лесу. Однако хотя и находили на царевича, но не могли его видеть, потому что на нем была надета шляпа-невидимка. Избегавши попусту весь лес, они напоследок разошлись по своим местам.

А Иван-царевич шел несколько дней и увидел: стоит на дороге малая избушка к лесу передом, а к нему задом; подошел к ней и молвил: «Избушка, избушка, стань к лесу задом, а ко мне обернись передом». Вдруг избушка обернулась к лесу задом, а к нему передом. Царевич вошел в избушку; там на полу сидела баба-яга, ноги в потолок уперши, и пряла шерсть. Увидя Ивана-царевича, баба-яга сказала: «Фу-фу-фу! Как доселева русского духу слыхом не слыхано, а нынче русский дух воочью совершается. Зачем ты, добрый молодец Иван-царевич, сюда зашел, волею или неволею? Я здесь живу уже сорок лет, а никакой человек мимо меня не прохаживал, не проезживал, ни зверь не прорыскивал, ни птица не пролетывала; а ты как сюда забрел?» — «Ох ты, глупая старая баба! — в ответ сказал Иван-царевич. — Ты прежде меня, доброго молодца, напой-накорми, да тогда и спрашивай». Яга-баба тотчас вскочила, собрала на стол, напоила, на-

Selbstgehstiefel an, setzte die Tarnkappe auf, nahm das selbstbewirtende Tuch unter den Arm und setzte seinen Weg fort. Als die Waldschrate zurückkehrten, fanden sie weder den Zarensohn noch ihren Fund wieder und jagten durch den Wald auf der Suche nach ihm. Aber obwohl sie auch auf den Zarensohn stießen, konnten sie ihn doch nicht sehen, weil er die Tarnkappe aufgesetzt hatte. Nachdem sie den ganzen Wald erfolglos durchlaufen hatten, gingen sie schließlich auseinander, ein jeder an seinen Platz.

Aber Iwan Zarewitsch wanderte mehrere Tage, und da sah er: am Wege steht eine kleine Hütte, mit der Vorderseite zum Walde, mit der Rückseite zu ihm. Er kam heran und sprach: «Hüttchen, Hüttchen, dreh dich mit der Hinterseite zum Walde, mit der Vorderseite zu mir.» Plötzlich drehte sich das Hüttchen mit der Hinterseite zum Walde und mit der Vorderseite zu ihm. Der Zarensohn trat in das Hüttchen ein; dort saß eine Hexe auf dem Boden, die Füße gegen die Decke gestemmt, und spann Wolle. Als sie Iwan Zarewitsch erblickte, sagte die Hexe: «Pfui-pfui-pfui! Bis jetzt ist russischer Geist hier nie zu spüren gewesen, doch heutigentags verwirklicht er sich leibhaftig vor meinen Augen. Warum bist du braver Jüngling, Iwan Zarewitsch, hier eingetreten? Kamst du freiwillig oder unfreiwillig? Ich lebe hier schon vierzig Jahre, und kein einziger Mensch ist bei mir vorübergegangen noch vorübergefahren, kein Tier hat sich hier umhergetrieben, kein Vogel ist vorübergeflattert; aber wie hast du dich hierher verirrt?» – «Ach du dummes altes Weib», gab Iwan Zarewitsch ihr zur Antwort, «zuvor gib mir bravem Burschen zu essen und zu trinken, und danach erst frage.» Die Hexe sprang sogleich auf, deckte den Tisch,

корми́ла царе́вича и в ба́не вы́парила и ста́ла опя́ть спра́шивать: «Как ты сюда́ заше́л, до́брый мо́лодец, во́лею или нево́лею?" Ответ держа́л Ива́н-царе́вич: «Ско́лько во́лею, а вдво́е того́ нево́лею. Иду́ я иска́ть мои́х родны́х сестри́ц Луну́ и Звезду́; а где их сыска́ть — сам не ве́даю». — «До́бро, Ива́н-царе́вич! — мо́лвила ба́ба-яга́. — Моли́сь Бо́гу и ложи́сь спать: у́тро ве́чера мудрене́е». Царе́вич лег спа́ть и от доро́жного труда́ засну́л кре́пко.

Поутру́, чуть то́лько на дворе́ рассвета́ть ста́ло, яга́-ба́ба начала́ его́ буди́ть: «До́брый мо́лодец! Пора́ тебе́ в путь идти́». Встал царе́вич, умы́лся, оде́лся, помоли́лся, на все четы́ре сто́роны поклони́лся и на́чал с яго́ю проща́тся. Тогда́ яга́-ба́ба ему́ сказа́ла: «Что ж ты, царе́вич, со мно́ю проща́ешься, а не спро́сишь, куда́ тебе́ на́добно — в каку́ю сторо́нушку? Ступа́й-ка ты, до́брый мо́лодец, вот по э́той доро́женьке и увиди́шь в чи́стом по́ле пала́ты белока́менные; в тех пала́тах живе́т твоя́ бо́льшая сестра Луна́. То́лько тру́дно тебе́ взять ее́, потому́ что живе́т с не́ю нечи́стый дух; прихо́дит он в пала́ты медве́дем, а как войде́т — тотча́с обора́чивается челове́ком».

Царе́вич прости́лся с яго́ю, наде́л на себя́ сапоги́-самохо́ды и поше́л в путь. На тре́тий день уви́дел он в чи́стом по́ле белока́менные пала́ты, покры́лся шля́пою-невиди́мкою и вступи́л в спа́льню к любе́зной своей сестри-
72 це, прекра́сной царе́вне Луне́. В то вре́мя ца-
73 ре́вна лежа́ла на крова́ти и опочива́ла кре́п-

gab dem Zarensohn zu trinken, zu essen, badete ihn im Dampfbad ab und fing wieder an zu fragen: «Wie kamst du hierher, braver Jüngling, freiwillig oder unfreiwillig?» Ihr antwortete Iwan Zarewitsch: «Teils freiwillig, doch doppelt so viel unfreiwillig. Ich bin ausgezogen, meine leiblichen Schwestern Luna und Swesda zu suchen; aber wo sie zu suchen sind, ahne ich selber nicht.» – «Gut, Iwan Zarewitsch», sprach die Hexe, «bete zu Gott und leg dich schlafen, der Morgen ist klüger als der Abend». Der Zarensohn legte sich schlafen, und nach der Reisemühsal schlief er fest ein.

Morgens, kaum daß es draußen hell zu werden begann, weckte ihn die Hexe: «Braver Jüngling, es ist Zeit dich auf den Weg zu machen!» Der Zarensohn erhob sich, wusch sich, kleidete sich an, sprach sein Gebet, verneigte sich nach allen vier Richtungen und wollte sich von der Hexe verabschieden. Da sprach die Hexe zu ihm: «Wie willst du dich von mir verabschieden, und fragst nicht, wohin du dich wenden sollst – auf welches Seitchen? Schlag du mal, braver Jüngling, dieses Wegchen dort ein, und du wirst im freien Felde ein weiß-steinernes Schloß erblicken; in diesem Schloß wohnt deine ältere Schwester Luna. Doch wird es dir schwer sein, sie zu entführen, denn es wohnt bei ihr ein böser Geist; er kommt ins Schloß als Bär, aber kaum betritt er es, verwandelt er sich sogleich in einen Menschen.»

Der Zarensohn nahm Abschied von der Hexe, zog die Selbstgehstiefel an und machte sich auf den Weg. Am dritten Tag erblickte er im freien Feld das weiße Schloß, bedeckte sich mit der Tarnkappe und trat ein in das Schlafgemach seiner liebenswerten Schwester, der wunderschönen Zarentochter Luna. Zu dieser Zeit lag die

ким сном. Царе́вич подошёл к крова́ти, на́чал её буди́ть и ски́нул с себя́ шля́пу-невиди́мку; царе́вна пробуди́лась: «Кто ты тако́в и заче́м сюда́ пришёл?» — «Любе́зная моя́ сестри́ца, прекра́сная царе́вна Луна́! — отвеча́л царе́вич. — Я твой брат единоутро́бный Ива́н-царе́вич; прине́с тебе́ челоби́тье от ба́тюшки твоего́ царя́ Ахриде́я и от ма́тушки твое́й Да́рьи: они́ ве́льми по тебе́ и по сестри́це Звезде́ сокруша́ются».

Прекра́сная царе́вна Луна́ тотча́с вскочи́ла с посте́ли и во слеза́х начала́ обнима́ть царе́вича; до́лгое вре́мя они́ целова́лися, милова́лися, а по́сле того́ царе́вна сказа́ла: «Любе́зный мой бра́тец! Я неска́занно ра́да, что ви́жу тебя́; но опаса́юсь, чтоб не пришёл Медве́дь и не съел бы тебя́». — «Не круши́сь о том, — мо́лвил ей царе́вич, — я э́того не бою́сь!»

Ско́ро подня́лся си́льный вихрь. Тогда́ прекра́сная царе́вна сказа́ла царе́вичу в вели́ком стра́хе: «Любе́зный бра́тец Ива́н-царе́вич! Ско́ро Медве́дь прибежи́т; спря́чься куда́-нибудь, не то съест тебя́». — «Не бо́йся!» — сказа́л ей царе́вич, пото́м наде́л на себя́ шля́пу-невиди́мку и сел на стул. Медве́дь вошёл в ко́мнату и закрича́л челове́чьим го́лосом: «Фу-фу-фу! Досе́лева ру́сского ду́ху слы́хом не слы́хано, ви́дом не ви́дано, а ны́нче и здесь ру́сским ду́хом па́хнет». — «А́х, мой свет, — сказа́ла Луна́, — тебе́ сты́дно о том и говори́ть; отку́да здесь быть ру́сскому ду́ху? Ты по Руси́ бе́гаешь и там ру́сского ду́ху набра́л-

Zarentochter Luna auf dem Bett und ruhte in tiefem Schlaf. Der Zarensohn trat an das Bett heran, begann sie zu wecken und warf die Tarnkappe ab. Die Zarentochter erwachte: «Wer bist du, und warum bist du hier eingetreten?» – «Mein liebenswertes Schwesterchen, du wunderschöne Zarentochter Luna», antwortete der Zarensohn, «ich bin dein leiblicher Bruder Iwan Zarewitsch, ich bringe dir die inständigsten Wünsche deines Väterchens, Zar Achridej, und deines Mütterchens Darja. Sie sehnen sich sehr nach dir und dem Schwesterchen Swesda.»

Die wunderschöne Zarentochter Luna sprang sofort vom Bett auf und schloß den Zarensohn in die Arme; lange küßten und liebkosten sie sich, dann sagte die Zarentochter: «Mein liebwertes Bruderherz, ich bin unsagbar froh, dich zu sehen; aber ich fürchte, der Bär könnte kommen und dich fressen.» – «Gräme dich nicht darum», antwortete ihr der Zarensohn, «ich fürchte mich nicht davor».

Alsbald erhob sich ein starker Wirbelwind. Da sagte die schöne Zarentochter dem Zarensohn in großer Angst: «Liebwerter Bruder Iwan Zarewitsch, gleich wird der Bär gelaufen kommen; versteck dich irgendwo, sonst wird er dich fressen.» Der Zarensohn aber sagte: «Sorge dich nicht darum», zog sich die Tarnkappe über und setzte sich auf einen Stuhl. Der Bär kam ins Zimmer und schrie mit Menschenstimme: «Pfui-pfui-pfui! Bis jetzt ist russischer Geist hier nie zu sehen, nie zu spüren gewesen, doch heute riecht es auch hier nach russischem Geist.» – «Ach, du mein Augenlicht», sagte Luna, «schäm dich, überhaupt davon zu sprechen; woher soll hier russischer Geist kommen? Du läufst in Rußland umher und hast dich mit russischem Duft beladen, darum scheint er dir auch hier zu

ся; так тебе́ и здесь то же чу́дится». — «Да не праше́л ли брат твой Ива́н-царе́вич? — спроси́л Медве́дь. — Ведь он давно́ уж роди́лся». — «Я сро́ду бра́та не ви́дела и того́, есть ли у меня́ брат, не ве́даю. А что е́сли бы брат приише́л, ведь ты бы съел его́?» — «Нет, — отвеча́л Медве́дь, — я никогда́ того́ не сде́лаю. Ведь я зна́ю, что он тебе́ мил; а по тебе и мне мил».— «Поклянíсь пре́жде!» — «Изво́ль, кляну́сь тебе́, чем сама́ хо́чешь». — «Когда́ так, — сказа́ла царе́вна Луна́, — то брат мой здесь и сиди́т во́зле тебя́». — «Что ты! Как же я его́ не ви́жу?» — сказа́л Медве́дь, встал, уда́рился о сыру́ю землю́ и сде́лался тако́й мо́лодец, что ни взду́мать, ни взгада́ть, ни перо́м написа́ть, ни в ска́зке сказа́ть, и мо́лвил: «Ива́н-царе́вич! Не пря́чься от меня́; я для тебя́ не злоде́й, ничего́ тебе худо́го не сде́лаю».

Тут царе́вич ски́нул с себя́ шля́пу-невиди́мку и показа́лся Медве́дю. Медве́дь разгова́ривал с царе́вичем ла́сково, по́тчевал его́ вся́кими ку́шаньями и напи́тками. Ива́н-царе́вич попро́бовал того́-друго́го и говори́т Медве́дю: «Не хо́чешь ли моего́ доро́жного ку́шанья и мои́х напи́тков отве́дать?» Разверну́л ска́терть-самобра́нку — и тотча́с двена́дцать молодце́в и двена́дцать дев́иц наста́вили на ту ска́терть ра́зных ку́шаньев и напи́тков и на́чали Ива́на-царе́вича, царе́вну Луну́ и Медве́дя по́тчевать. Медве́дь удиви́лся тако́му чу́дному де́лу и спра́шивал у Ива́на-царе́вича, отку́да он взял таку́ю ска́терть? Он про все ему́ рассказа́л.

sein.» – «Ist nicht vielleicht dein Bruder Iwan Zarewitsch gekommen? Denn er wurde doch schon längst geboren.» – «Ich habe nie einen Bruder gesehen, und ich ahne nicht einmal, ob ich einen Bruder habe. Aber was wäre denn, wenn der Bruder gekommen wäre? Du hättest ihn doch gefressen.» – «Nein», antwortete der Bär, «das werde ich nie tun. Ich weiß doch, daß er dir lieb ist, und durch dich ist er mir auch lieb.» – «Schwöre es mir vorher!» – «Bitte, ich schwöre es dir bei allem, was du selber wünschst.» – «Wenn es so ist», sagte die Zarentochter Luna, «so sitzt mein Bruder neben dir». – «Was sagst du! Wieso sehe ich ihn nicht?» rief der Bär, erhob sich, warf sich nieder auf die feuchte Erde und wurde zu einem solchen Prachtburschen, wie man sich's nicht erdenken, nicht vorstellen, nicht mit der Feder beschreiben und nicht im Märchen erzählen kann, und sprach: «Iwan Zarewitsch, verstecke dich nicht vor mir; ich bin für dich kein Bösewicht, werde dir nichts Schlechtes antun.»

Da warf der Zarensohn die Tarnkappe ab und zeigte sich dem Bären. Der Bär unterhielt sich freundlich mit dem Zarensohn und bewirtete ihn mit allerlei Essen und Trinken. Iwan Zarewitsch nahm von allem ein wenig und sagte zum Bären: «Möchtest du nicht auch von meinen Reisevorräten an Eßbarem und Trinkbarem etwas kosten?» Er entfaltete das selbstbewirtende Tischtuch – und sogleich trugen zwölf Jünglinge und zwölf Jungfrauen die verschiedensten Speisen und Getränke auf und begannen Iwan Zarewitsch, die Zarentochter Luna und den Bären auf diesem Tuche zu bewirten. Der Bär verwunderte sich über solchen Zauber und fragte Iwan Zarewitsch, woher er ein solches Tischtuch genommen habe? Und er erzählte ihm alles.

Вот таки́м-то о́бразом жил царе́вич у Медве́дя три ме́сяца, а пото́м собра́лся в путь и стал спра́шивать про ме́ньшую свою́ сестру́, царе́вну Звезду́, где она́ прожива́ет. «Она́ живе́т не о́чень далеко́, — сказа́ла царе́вна Луна́, — то́лько, бра́тец, не ча́ю, чтоб ты ее́ увида́л, потому́ что живе́т она́ с Морски́м Чудо́вищем в ме́дном за́мке, а вокру́г того́ за́мка стои́т стра́жа вели́кая — всё водяны́е че́рти; они́ тебя́ убью́т до сме́рти». — «Что де́лать! Хоть сам помру́, а сестри́цу уви́жу». Прости́лся Ива́н-царе́вич с прекра́сною царе́виною Луно́ю и с Медве́дем и поше́л в путь.

На друго́й день уви́дел он ме́дный за́мок, подоше́л к воро́там; у воро́т стоя́т два водяны́х черта́, на плеча́х пу́шки держа́т, никого́ в за́мок не пропуска́ют. «Пропусти́те меня́, — сказа́л царе́вич, — ведь я наро́чно прише́л всех вас с карау́ла смени́ть». — «Нет, брат, обма́нываешь! Е́сли хо́чешь, полеза́й че́рез ка́менную стену́, а в воро́та ходи́ть не прика́зано. Да смотри́, полеза́й осторо́жнее: по ту сто́рону стены́ подведены́ стру́ны: е́сли чу́ть-чуть до стру́ны дотро́нешься, то пойде́т гром по всему́ за́мку и по мо́рю. Морско́е Чудо́вище услы́шит, вы́йдет из мо́ря и тебя́ жива́ не оста́вит!» Царе́вич ничего́ не устраши́лся и поле́з в сапога́х-самохо́дах чрез ка́менную стену́; не заде́л за стру́ны ни руко́ю, ниного́ю, то́лько пла́тьем слегка́ зацепи́л — и в
78 ту ж мину́ту разда́лся вели́кий гром по всему́
79 за́мку. Царе́вич воше́л с то́ропом в пала́ты,

Auf diese Weise also lebte der Zarensohn drei Monate beim Bären, dann gedachte er aufzubrechen und fing an nach seiner jüngeren Schwester, der Zarentochter Swesda, zu fragen, wo sie wohl lebe. «Sie wohnt nicht sehr weit von hier», sagte die Zarentochter Luna. «Aber mein lieber Bruder, ich möchte dir nicht wünschen, daß du sie sehen kannst, denn sie lebt mit einem Meerungeheuer in einem kupfernen Schloß, und um dieses Schloß herum steht eine gewaltige Wache – lauter Wasserteufel, die werden dich töten.» – «Sei's drum! Komme ich auch selber dabei um, so werde ich doch das Schwesterchen sehen.» Iwan Zarewitsch verabschiedete sich von der wunderschönen Zarentochter Luna und vom Bären und zog seines Weges.

Am nächsten Tag erblickte er das kupferne Schloß und ging bis an das Tor heran. Am Tor stehen zwei Wasserteufel, halten Arkebusen auf den Schultern und lassen niemand in das Schloß hinein. «Laßt mich ein», sagte der Zarensohn, «ich komme mit der Absicht, euch alle von der Wache abzulösen». – «Nein Bruder, du betrügst uns! Wenn du willst, klettere über die steinerne Mauer, nur durch das Tor einzutreten ist nicht erlaubt. Aber gib acht, klettere vorsichtig: auf der anderen Seite der Mauer sind Saiten gezogen, und wenn du nur ein wenig eine Saite berührst, wird ein Donner durch das ganze Schloß und über das Meer erschallen. Das Meerungeheuer wird es hören, aus dem Meere steigen und dich nicht am Leben lassen.» Der Zarensohn fürchtete nichts und kletterte in seinen Selbstgehstiefeln über die steinerne Mauer. Weder mit der Hand noch mit dem Fuß blieb er an den Saiten hängen, nur mit dem Gewand berührte er sie ganz leicht – und im selben Augenblick erschallte ein gewaltiger Donner durch das ganze Schloß. Der Zarensohn betrat in

нашёл прекра́сную царе́вну Звезду́ в посте́ли и разбуди́л её от кре́пкого сна. Она́ просну́лась и закрича́ла: «Кто ты и заче́м пришёл?» — «Любе́зная сестри́ца, прекра́сная царе́вна Звезда́! — отвеча́л царе́вич. — Я твой брат родно́й Ива́н-царе́вич, принёс тебе́ челоби́тье от ба́тюшки твоего́ царя́ Ахриде́я и от ма́тушки твое́й цари́цы Да́рьи; они́ ве́льми по тебе́ сокруша́ются».

Прекра́сная царе́вна Звезда́ вскочи́ла с посте́ли, начала́ его́ целова́ть, милова́ть и пото́м говори́т: «Любе́зный бра́тец, спря́чься куда́-нибу́дь! Ско́ро придёт сюда́ Морско́е Чудо́вище и как тебя́ уви́дит — тотча́с съест». — «Не круши́сь, — мо́лвил царе́вич, — я не бою́ся!» Наде́л на себя́ шля́пу-невиди́мку и сел на стул. Вошёл Морско́е Чудо́вище и закрича́л челове́ческим го́лосом: «Фу-фу-фу! Досе́лева ру́сского ду́ху слы́хом не слы́хано, ви́дом не ви́дано, а ны́нче и здесь ру́сским ду́хом па́хнет. Кто у тебя, царе́вна, в гостя́х?» — «Ах, мой свет, — отвеча́ла царе́вна Звезда́, — кому́ у меня́ быть? Да ру́сский и зайти́ сюда́ не мо́жет. Сам ты по Руси́ бе́гаешь, набра́лся там ру́сского ду́ху, так он тебе́ и здесь чу́дится!» — «По́лно, не пришёл ли брат твой Ива́н-царе́вич? Ведь он давно́ уж роди́лся». — «Я с ро́ду никако́го бра́та не вида́ла, и е́сть ли у меня́ брат — и того́ не ве́даю. А что если б Ива́ну-царе́вичу случи́лось зайти́ сюда́, ведь
80 ты бы съел его?» — «Нет, — отвеча́л Чудо́ви-
81 ще, — я никогда́ того́ не сде́лаю. За что я его́

größter Eile die Schloßgemächer, fand die wunderschöne Zarentochter Swesda im Bett und weckte sie aus tiefem Schlaf. Sie erwachte und schrie auf: «Wer bist du und warum bist du gekommen?» – «Liebwertes Schwesterchen, wunderschöne Zarentochter Swesda», antwortete ihr der Zarensohn, «ich bin dein leiblicher Bruder Iwan Zarewitsch, ich bringe dir die inständigsten Wünsche deines Väterchens, Zar Achridej, und deines Mütterchens, Zarin Darja; sie sehnen sich sehr nach dir.»

Die wunderschöne Zarentochter sprang vom Bett auf und begann ihn zu küssen und zu liebkosen, aber dann sprach sie: «Liebwertes Bruderherz, versteck dich irgendwo, gleich wird das Meerungeheuer hereinkommen, und wenn er dich sieht, frißt er dich sofort!» – «Sorge dich nicht», sprach der Zarensohn, «ich fürchte mich nicht!» Er zog die Tarnkappe über und setzte sich auf einen Stuhl. Das Meerungeheuer kam herein und schrie mit Menschenstimme: «Pfui-pfui-pfui! Bis jetzt ist russischer Geist hier nie zu spüren, nie zu hören gewesen, doch heute riecht es auch hier nach russischem Geist! Wer ist bei dir, Zarentochter, zu Gast?» – «Ach du, mein Augenlicht», antwortete die Zarentochter Swesda, «wer soll denn bei mir sein? Kein Russe kann ja überhaupt hier herein. Du selbst läufst in Rußland umher und hast dich mit russischem Duft beladen, darum scheint er dir auch hier zu sein.» – «Genug, ist nicht vielleicht dein Bruder Iwan Zarewitsch gekommen? Denn er wurde doch schon längst geboren.» – «Ich habe nie einen Bruder gesehen, und ich ahne nicht einmal, ob ich einen Bruder habe. Aber was wäre denn, wenn wirklich Iwan Zarewitsch gekommen wäre, du hättest ihn doch gefressen?» – «Nein», antwortete das Ungeheuer, «das werde ich nie tun. Warum sollte ich

съем? Ведь он мне ничего́ худо́го не сде́лал. зна́ю и то, что он тебе́ мил; а по тебе́ и мне мил». — «Нет, я по тех пор не пове́рю, пока́ ты кля́твы не дашь». — «Изво́ль! Кляну́сь тебе́ всем, чем сама́ хо́чешь». — «Когда́ так, — мо́лвила царе́вна Звезда́, — то брат мой здесь и сиди́т про́тив тебя́». — «Что ты врешь? — сказа́л Морско́е Чу́до. — Как же я его не ви́жу?» — «Он, пра́во здесь!» — отвеча́ла Звезда́. Тогда́ Чудо́вище уда́рился о сы́рую землю́ и стал тако́й мо́лодец, что ни взду́мать, ни взга́дать, ни перо́м написа́ть, ни в ска́зке сказа́ть, и закрича́л: «Ива́н-царе́вич, не пря́чься! Я тебе́ не злоде́й, ничего́ худо́го не сде́лаю и завсегда́ рад тебя́ го́стем ви́деть».

Царе́вич ски́нул с себя́ шля́пу-невиди́мку и показа́лся Чудо́вищу. Чудо́вище разгова́ривал с ним ла́сково, по́тчевал вся́кими пи́тьями и ку́шаньями. Царе́вич попро́бовал того́-друго́го и говори́т Чудо́вищу: «Не хо́чешь ли ты моего́ доро́жного ку́шанья и мои́х напи́тков отве́дать?» Разверну́л ска́терть-самобра́нку — и тотча́с двена́дцать молодце́в и двена́дцать деви́ц наста́вили на ту ска́терть ра́зных ку́шаньев и напи́тков и на́чали Ива́на-царе́вича, царе́вну Звезду́ и Морско́е Чу́до по́тчевать. Чу́до подиви́лся той ска́терти, и спра́шивал у Ива́на-царе́вича, где он взял ее́. Ива́н-царе́вич о́бо всем ему́ рассказа́л, и когда́ они́ напи́лись и нае́лись, то царе́вич сверну́л свою́ ска́терть, и ста́ли они́ весели́ться, вся́кими заба́вами потеша́ться.

ihn fressen? Er hat mir ja nichts Böses angetan. Und ich weiß, daß er dir lieb ist, und durch dich ist er mir auch lieb.» – «Nein, das glaube ich so lange nicht, bis du es mir schwörst.» – «Bitte, ich schwöre es dir bei allem, was du selbst wünscht.» – «Wenn es so ist», sagte die Zarentochter Swesda, «so ist mein Bruder hier und sitzt dir gegenüber.» – «Was lügst du», rief das Ungeheuer, «wieso sehe ich ihn nicht?» – «Er ist wirklich hier», antwortete Swesda. Da warf sich das Ungeheuer nieder auf die feuchte Erde – und wurde zu einem solchen Prachtburschen, wie man sich's nicht erdenken, nicht vorstellen, nicht mit der Feder beschreiben und nicht im Märchen erzählen kann, und sprach also: «Iwan Zarewitsch, versteck dich nicht! Ich bin für dich kein Bösewicht, werde dir nichts Schlechtes tun und für immer froh sein, dich als meinen Gast zu sehen.»

Der Zarensohn warf die Tarnkappe ab und zeigte sich dem Ungeheuer. Das Ungeheuer unterhielt sich freundlich mit ihm und bewirtete ihn mit allerlei Essen und Trinken. Der Zarensohn kostete von diesem und jenem ein wenig und sagte zum Ungeheuer: «Möchtest du nicht auch von meinen Reisevorräten an Eßbarem und Trinkbarem etwas probieren?» Er entfaltete das selbstbewirtende Tischtuch – und sogleich trugen zwölf Jünglinge und zwölf Jungfrauen die verschiedensten Speisen und Getränke auf und begannen Iwan Zarewitsch, die Zarentochter Swesda und das Meerwunder zu bewirten. Das Ungeheuer verwunderte sich über dieses Tischtuch und fragte Iwan Zarewitsch, woher er es genommen habe. Iwan Zarewitsch erzählte ihm alles. Und nachdem sie von allem getrunken und gegessen hatten, faltete der Zarensohn sein Tischtuch zusammen, und sie fingen an sich zu vergnügen und mit allerlei Kurzweil zu unterhalten.

Прожил царевич у меньшой сестры своей близ года. Когда Чудовища не было дома, стал он говорить царевне Звезде, чтоб она ушла с ним к отцу к матери. «Что ты, братец! — отвечала она, — Морское Чудо нагонит нас, лютой смерти предаст». — «Как же мне тебя и сестру нашу выручить?» — «Ёжели хочешь меня и сестру нашу выручить, то ступай за тридевять земель, в тридесятое государство. Там есть широкая река, через реку калиновый мост, под тем мостом живет двенадцатиглавый змей; не пропускает он ни конного, ни пешего, всех пожирает. Кому удастся убить двенадцатиглавого змея, за того Царь-девица замуж выйдет; а с ее помощью можно и меня и сестру выручить». Царевич выслушал эти речи, простился с сестрою и пошел за тридевять земель.

Он надел сапоги-самоходы и в три дня поспел к калиновому мосту. Зашел в кузницу и велел сковать себе меч-кладенец и палицу боевую в сорок пуд; кузнецы сковали ему и меч и палицу. Царевич заплатил за работу и пошел к мосту со змеем биться.

Змей тотчас выбежал, бросился на царевича — хочет совсем проглотить его; но царевич приостерегся, махнул палицей и за один раз отсек змею три головы. Змей опять на него бросился, царевич вторично ударил его палицею и сшиб шесть голов. Тут змей испустил из себя пламя огненное — хочет сжечь царевича; ца-

Der Zarensohn verlebte bei seiner jüngeren Schwester fast ein Jahr. Als das Ungeheuer nicht zu Hause war, suchte er die Zarentochter Swesda zu überreden, mit ihm zu Vater und Mutter zu entfliehen. «Wo denkst du hin, Bruderherz», antwortete sie ihm, «das Meerwunder wird uns einholen und uns einen grausamen Tod bereiten». – «Wie soll ich denn aber dich und unsere Schwester befreien?» – «Wenn du mich und unsere Schwester befreien willst, so begib dich über dreimal neun Länder in das dreimal zehnte Reich. Dort gibt es einen breiten Fluß, über den Fluß führt eine Brücke aus Schneeballholz, unter dieser Brücke lebt ein zwölfköpfiger Drache, der läßt niemand durch, weder Berittene noch Fußgänger, verschlingt alle. Wem es gelingt, den zwölfköpfigen Drachen zu töten, dem wird die Zar-Jungfrau zur Ehe gegeben; und mit ihrer Hilfe können auch ich und die Schwester befreit werden.» Der Zarensohn hörte diese Rede, nahm Abschied von der Schwester und zog aus über dreimal neun Länder.

Er zog die Selbstgehstiefel an, und in drei Tagen erreichte er die schnellballhölzerne Brücke. Er ging in die Schmiede und befahl, ihm ein großes Schlachtenschwert und eine Kampfkeule von vierzig Pud Gewicht zu schmieden. Und die Schmiede schmiedeten ihm das Schwert und die Keule. Der Zarensohn bezahlte die Arbeit und ging zur Brücke, um mit dem Drachen zu kämpfen. Der Drache kam sogleich hervor und warf sich auf den Zarensohn, wollte ihn ganz verschlingen. Doch der Zarensohn sah sich vor, holte mit der Keule aus und schlug dem Drachen drei Köpfe auf einmal ab. Der Drache stürzte sich nochmals auf ihn, aber der Zarensohn schlug wieder mit der Keule zu und hieb ihm sechs Köpfe ab. Da stieß der Drache eine feurige Flamme aus sich hervor – wollte den Zarensohn verbren-

ревич быстро увернулся, ударил змея мечом и рассек его надвое, потом наклал костер двор, зажег и положил все змейные головы и туловище на огонь, а сам пошел через мост на другую сторону.

Видит он — вылетело из градских ворот двенадцать голубиц; прилетели они к калиновому мосту, ударились о сырую землю и сделались красными девицами. Разделись красные девицы донага и стали купаться; а царевич надел шляпу-невидимку, любуется на их красоту и ждет, что после будет. Девицы выкупались и оделись; Иван-царевич скинул с себя шляпу, подошел к ним, поклонился и сказал: «Честные девицы, скажите мне, кто этим царством владеет?» — «Этим царством владеет прекрасная Царь-девица; а ты, добрый молодец, как сюда зашел?» — «Я пришел чрез калиновый мост, — отвечал царевич, — и по ту сторону убил змея о двенадцати головах. Только выговорил он эти слова, как двенадцать девиц подхватили его под руки и сказали: «Если ты убил двенадцатиглавого змея, то должен быть нашим государем!» — и повели его к Царь-девице. Царь-девица вышла встречать царевича, принимала его за белые руки, сажала за столы дубовые, за скатерти браные и разговаривала полюбовно; в тот же день царевич на ней и женился.

Прошло несколько дней после свадьбы, начал царевич просить свою супругу, чтоб освободила его сестер, царевен Луну и Звезду.

nen. Der Zarensohn wich blitzschnell aus, schlug mit dem Schwert zu und zerschnitt den Drachen in zwei Hälften; dann schichtete er einen Scheiterhaufen aus Holz auf, zündete ihn an, legte alle Drachenköpfe und den Rumpf ins Feuer und ging selbst über die Brücke auf die andere Seite.

Da sieht er aus dem Tor der Stadt zwölf Täubchen hervorfliegen; die kamen zur schnellballhölzernen Brücke geflogen, ließen sich auf die feuchte Erde fallen und wurden zu zwölf schönen Jungfrauen. Die schönen Jungfrauen zogen sich nackt aus und fingen an zu baden. Aber der Zarensohn setzte die Tarnkappe auf, erfreute sich an ihrer Schönheit und wartete ab, was weiter geschehen würde. Die Jungfrauen hatten gebadet und zogen sich an. Iwan Zarewitsch warf die Tarnkappe ab, trat zu ihnen, verbeugte sich und sagte: «Ehrbare Jungfrauen, sagt mir, wer herrscht in diesem Reiche?» – «In diesem Reiche herrscht die wunderschöne Zar-Jungfrau, aber du, braver Jüngling, wie bist du hierher gekommen?» – «Ich kam über die Brücke», antwortete der Zarensohn, «und auf der anderen Seite habe ich den Drachen mit den zwölf Köpfen getötet.» Kaum hatte er diese Worte gesprochen, als ihn die zwölf Jungfrauen unter die Arme nahmen und sagten: «Wenn du den zwölfköpfigen Drachen getötet hast, mußt du unser Herrscher werden!» Und sie führten ihn zur Zar-Jungfrau. Die Zar-Jungfrau kam dem Zarensohn entgegen, ergriff ihn an den weißen Händen, setzte ihn an die eichene Tafel mit dem schön gewebten Tischtuch und unterhielt sich liebevoll mit ihm. Am gleichen Tag nahm der Zarensohn sie zur Frau.

Es waren einige Tage nach der Hochzeit vergangen, da begann der Zarensohn seine Gemahlin zu bitten, sie möge seine Schwestern, die Zarentöchter Luna und Swesda,

Царь-де́вица закрича́ла гро́мким го́лосом: «Приведи́те ко мне прокля́того ду́ха, что сиди́т в тёмном по́гребе». Приво́дят к ней того́ заключённика — ро́стом превели́кий, собо́й стра́шный! Говори́т ему́ Царь-де́вица: «Доста́нь и принеси́ сюда́ царе́вну Луну́ да царе́вну Звезду́; е́сли сослу́жишь мне э́ту слу́жбу — на во́лю тебя́ вы́пущу, а не сослу́жишь — наве́к тебя́ заключу́ в тёмном по́гребе». Прокля́тый дух тотча́с помча́лся бу́йным ви́хрем и в ско́ром вре́мени принёс обе́их царе́вен; Царь-де́вица отпусти́ла его́ на во́лю, царе́вну Луну́ и царе́вну Звезду́ отпра́вила к отцу́, к ма́тери, а сама́ ста́ла жить с Ива́ном-царе́вичем в любви́ и сове́те.

befreien. Die Zar-Jungfrau rief mit lauter Stimme: «Bringt den Verfluchten Geist zu mir, der im dunklen Keller sitzt.» Der Gefangene wurde gebracht, riesig von Wuchs und schrecklich von Aussehen! Spricht zu ihm die Zar-Jungfrau: «Ergreife die Zarentochter Luna und die Zarentochter Swesda und bringe sie hierher; wenn du mir diesen Dienst leistest, lasse ich dich frei; leistest du ihn nicht, so schließe ich dich für ewig in den dunklen Keller ein.» Der Verfluchte Geist stürmte sogleich wie ein ungestümer Wirbelwind davon, und in kurzer Zeit brachte er die beiden Zarentöchter herbei. Die Zar-Jungfrau entließ ihn in die Freiheit, die Zarentochter Luna und die Zarentochter Swesda sandte sie zu deren Vater und Mutter zurück, und selber lebte sie hinfort mit Iwan Zarewitsch in Liebe und Eintracht.

Моро́зко

Жи́ли-бы́ли стари́к да стару́ха. У старика́ со стару́хою бы́ло три до́чери. Ста́ршую дочь стару́ха не люби́ла (она́ была́ ей па́дчерица), поча́сту её жу́рила, ра́но буди́ла и всю рабо́ту на неё свали́ла. Де́вушка скоти́ну пои́ла-корми́ла, дрова́ и води́цу в избу́ носи́ла, пе́чку топи́ла, обря́ды твори́ла, избу́ мела́ и все убира́ла ещё до све́ту; но стару́ха и тут была́ недово́льна и на Марфу́шу ворча́ла: «Э́кая лени́вица, э́кая неря́ха! И го́лик-то не у места́, и не та́к-то стои́т, и со́рно-то в избе́». Де́вушка молча́ла и пла́кала; она́ вся́чески стара́лась ма́чехе уноро́вить и дочеря́м её услужи́ть: но сёстры, гля́дя на мать, Марфу́шу во всем обижа́ли, с не́ю вздо́рили и пла́кать заставля́ли: то им и лю́бо бы́ло! Сами́ они́ по́здно встава́ли, пригото́вленной води́цей умыва́лись, чи́стым полоте́нцем утира́лись и за рабо́ту сади́лись, когда́ пообе́дают. Вот на́ши деви́цы росли́ да росли́, ста́ли больши́ми и сде́лались неве́стами.

Väterchen Frost

Es lebten einmal miteinander ein alter Bauer und sein Weib. Die beiden hatten drei Töchter. Die Bäuerin liebte die älteste Tochter nicht (denn sie war ihre Stieftochter), schalt sie oft, weckte sie früh und häufte alle Arbeit auf sie. Das Mädchen tränkte und fütterte das Vieh, trug das Holz und das Wasser herein, heizte den Ofen, hielt den Haushalt in Ordnung, fegte die Hütte und räumte alles auf, bevor es Tag wurde. Doch die Alte war noch immer nicht zufrieden und brummte Marfuscha an: «Solch ein Faulpelz, solch eine Schlampe! Der Besen ist nicht an seinem Platz, und er steht nicht richtig, und schmutzig ist es auch in der Hütte.» Das Mädchen schwieg und weinte; sie bemühte sich auf jede Weise, es der Stiefmutter recht zu machen und ihren Töchtern behilflich zu sein; aber die Schwestern hielten es mit der Mutter, kränkten Marfuscha in allem, suchten Streit mit ihr und brachten sie zum Weinen: und das gerade war ihnen recht! Selbst standen sie spät auf, wuschen sich mit dem hereingetragenen Wasser, trockneten sich mit einem frischen Handtuch und arbeiten taten sie, indem zu Mittag gegessen wurde. So wuchsen und erwuchsen unsere jungen Mädchen und kamen ins Brautalter.

Скоро сказка сказывается, не скоро дело деляется. Старику жалко было старшей дочери; он любил ее за то, что была послушляная да работящая, никогда не упрямилась, что заставят, то и делала, и ни в чем слова не перекорила; да не знал старик, чем пособить горю. Сам был хил, старуха ворчунья, а дочки ее ленивицы и упрямицы.

Вот наши старики стали думу думать: старик — как бы дочерей пристроить, а старуха — как бы старшую с рук сбыть. Однажды старуха и говорит старику: «Ну, старик, отдадим Марфушу замуж». — «Ладно», — сказал старик и побрел себе на печь; а старуха вслед ему: «Завтра встань, старик, ты пораньше, запряги кобылу в дровни и поезжай с Марфуткой; а ты, Марфутка, собери свое добро в коробейку да накинь белую исподку: завтра поедешь в гости!»

Добрая Марфуша рада была такому счастью, что увезут ее в гости, и сладко спала всю ночку; поутру рано встала, умылась, Богу помолилась, все собрала, чередом уложила, сама нарядилась, и была девка — хоть куды невеста! А дело-то было зимою, и на дворе стоял трескучий мороз.

Старик наутро, ни свет ни заря, запряг кобылу в дровни, подвел ко крыльцу; сам пришел в избу, сел на коник и сказал:

«Ну, я все
92 изладил!» — «Садитесь за стол да жрите!» —
93 сказала старуха. Старик сел за стол и дочь с

Schnell ist ein Märchen erzählt, nicht so schnell ist etwas getan. Dem Bauern tat die älteste Tochter leid; er liebte sie, weil sie gehorsam und arbeitsam war, nie eigensinnig wurde, alles tat, was man von ihr verlangte, und mit keinem Wort widersprach; aber er wußte nicht, wie diesem Leid abzuhelfen sei. Selber war er hinfällig, seine Alte war knurrig, und ihre Töchterchen waren faul und eigensinnig.

Und so stellten denn unsere Alten ihre Überlegungen an – der Mann: wie wohl die Töchter unter die Haube zu bringen seien, die Frau aber: wie man die älteste los werden könne. Eines Tages sagte sie zu ihm: «Nun, Alter, laß uns Marfuscha verheiraten.» – «Einverstanden», sagte der Alte und kroch auf seinen Ofenplatz. Aber das Weib ruft ihm nach: «Morgen stehst du früh auf, Alter, spannst die Stute vor den Schlitten und fährst mit Marfuscha ab. Und du, Marfuscha, sammle deine Habseligkeiten in den Reisekorb und zieh weiße Unterwäsche an: du fährst morgen auf Besuch!»

Die gute Marfuscha freute sich über dieses Glück, daß sie zu Besuch fahren sollte, und schlief süß die ganze liebe Nacht. Frühmorgens stand sie auf, wusch sich, betete zu Gott, suchte ihre Sachen zusammen, packte sie ordentlich ein, zog sich hübsch an und konnte sich sehen lassen als Braut! Aber es war Winter, und draußen herrschte klirrender Frost.

Am frühen Morgen, kaum daß es Tag wurde, spannte der Bauer die Stute vor den flachen Lastschlitten und führte sie vor die Haustür, kam selber in die Hütte, setzte sich auf die Truhe und sagte: «Nun, ich habe alles vorbereitet!» – «Setzt euch an den Tisch und eßt», sagt die Frau. Der Alte setzte sich an den Tisch und nahm seine

собой посадил; хлебница была на столе, он вынул челпан и нарушал хлеба и себе и дочери. А старуха меж тем подала в блюде старых щей и сказала: «Ну, голубка, ешь да убирайся, я вдоволь на тебя наглядéлась! Старик, увези Марфутку к жениху; да мотри, старый хрыч, поезжай прямой дорогой, а там сверни с дороги-то направо, на бор, — знаешь, прямо к той большой сосне, что на пригорке стоит, и тут отдай Марфутку за Морозка».

Старик

вытаращил глаза, разинул рот и перестал хлебать, а девка завыла. «Ну, что тут нюни-то распустила! Ведь жених-то красавец и богач! Мотри-ка, сколько у него добра: все елки, мянды и березы в пуху; житье-то завидное, да и сам он богатырь!»

Старик молча уклал пожитки, велел дочери накинуть шубняк и пустился в дорогу. Долго ли ехал, скоро ли приехал — не ведаю: скоро сказка сказывается, не скоро дело делается. Наконец доехал до бору, своротил с дороги и пустился прямо снегом по насту; забравшись в глушь, остановился и велел дочери слезать, сам поставил под огромной сосной коробейку и сказал: «Сиди и жди жениха, да мотри — принимай ласковее». А после заворотил лошадь — и домой.

Девушка сидит да дрожит; озноб ее пробрал. Хотела она выть, да сил не было: одни
94 зубы только постукивают. Вдруг слышит:
95 невдалеке Морозко на елке потрескивает, с

Tochter neben sich. Der Brotkorb stand auf dem Tisch, er nahm den Brotlaib heraus und brach sich und der Tochter die Brotstücke ab. Die Frau trug inzwischen in einer Schüssel die Reste einer alten Kohlsuppe auf und sagte: «Nun, mein Täubchen, iß und verschwinde, ich habe dich genug gesehen! Du, Alter, bring Marfutka zu ihrem Bräutigam; aber paß auf, alter Knacker, fahr auf dem geraden Weg, und beim Wald biege nach rechts ein, du weißt schon, gradeaus zu der hohen Kiefer, die auf dem Hügel steht, dort übergibst du Marfutka dem Väterchen Frost.» Der Alte machte Glotzaugen, ließ den Mund offenstehen und hörte auf zu essen, und das Mädchen fing an zu heulen. «Na, was flennst du denn nun. Der Bräutigam ist doch ein schöner und reicher Mann! Denk nur, was er alles besitzt, alle Tannenbäume und Sumpfkiefern und Birken im weißen Flaum; hat ein beneidenswertes Dasein und ist selber ein Recke!»

Der Bauer lud schweigend die wenigen Habseligkeiten auf den Schlitten, befahl der Tochter den Schafpelz anzuziehen und machte sich auf den Weg. Ob er lange gefahren oder schnell angekommen ist – ich weiß es nicht: ein Märchen ist schnell erzählt, nicht so schnell ist etwas getan. Doch endlich kam er an den Wald, bog vom Wege ab und fuhr einfach auf der verharschten Schneefläche dahin. Im Waldesdickicht hielt er an, befahl der Tochter auszusteigen, stellte selbst den Reisekorb unter eine riesige Kiefer und sagte: «Sitz hier und erwarte den Bräutigam, aber sieh zu, daß du ihn freundlich empfängst.» Danach wendete er das Pferd und – ab nach Hause.

Das Mädchen sitzt und zittert: das Frieren überkam sie. Sie wollte heulen, aber ihre Kraft reichte nicht dazu, nur die Zähne klapperten. Plötzlich hört sie: nicht weit von ihr

ёлки на ёлку поска́кивает да пощёлкивает. Очути́лся он и на той сосне́, под коеей де́вица сиди́т, и све́рху ей говори́т: «Тепло́ ли те, де́вица?» — «Тепло́, тепло́, ба́тюшко-Моро́зушко!» Моро́зко стал ни́же спуска́ться, бо́льше потре́скивать и пощёлкивать. Моро́з спроси́л де́вицу: «Тепло́ ли те, де́вица? Тепло́ ли те, кра́сная?" Де́вица чуть дух перево́дит, но ещё говори́т: «Тепло́, Моро́зушко! Тепло́, ба́тюшко!» Моро́з пу́ще затреща́л и сильне́е защёлкал и де́вице сказа́л: «Тепло́ ли те, де́вица? Тепло́ ли те, кра́сная? Тепло ли те, ла́пушка?» Де́вица окостене́ва́ла и чуть слы́шно сказа́ла: «Ой, тепло́, голу́бчик Моро́зушко!» Тут Моро́зко сжа́лился, оку́тал де́вицу шу́бами и отогре́л одея́лами.

Стару́ха нау́тро му́жу говори́ть: «Поезжа́й, ста́рый хрыч, да буди́ молоды́х!» Стари́к запря́г ло́шадь и поехал. Подъе́хавши к до́чери, он нашёл её живу́ю, на ней шу́бу хоро́шую, фа́ту дорогу́ю и ко́роб с бога́тыми пода́рками. Не говоря́ ни сло́ва, стари́к сложи́л все на воз, сел с до́черью и пое́хал домо́й. Прие́хали домо́й, и де́вица бух в но́ги ма́чехе. Стару́ха изуми́лась, как уви́дела де́вку живу́ю, но́вую шу́бу и ко́роб белья́. «Э, су́ка, не обма́нешь меня́».

Вот спустя́ немно́го стару́ха говори́т старику́: «Увези́-ка и мои́х-то дочере́й к жениху́; он их ещё не так ода́рит!» Не ско́ро де́ло де́лается, ско́ро ска́зка ска́зывается. Вот поу́тру ра́но стару́ха де́ток свои́х накорми́ла и как

knistert Väterchen Frost auf einer Tanne, springt von Tanne zu Tanne und schnalzt. Er erschien auch auf der Kiefer, unter der das Mädchen sitzt, und spricht zu ihr von oben: «Ist dir warm Mädchen?» – «Warm, ja, warm, Väterchen Fröstchen!» Väterchen Frost ließ sich niedriger herab, knisterte und schnalzte noch mehr. Und der Frost fragt das Mädchen: «Ist dir warm, Mädchen? Ist dir warm, du Schöne?» Das Mädchen kann kaum atmen, sagt aber noch: «Ja warm, Fröstchen, warm, Väterchen!» Der Frost knisterte stärker und schnalzte noch mehr und sagte wieder zum Mädchen: «Ist dir warm, Mädchen, ist dir warm, du Schöne, warm, mein Pfötchen?» Das Mädchen erstarrte und sagte kaum hörbar: «Oh, so warm, Liebling Fröstchen!» Da hatte Väterchen Frost Mitleid, wickelte das Mädchen mit Pelzen ein und erwärmte es mit Decken.

Die alte Bäuerin spricht morgens zu ihrem Mann: «Fahr los, alter Knacker, und wecke die Jungvermählten!» Der Bauer spannte das Pferd an und fuhr hin. Bei der Tochter angekommen, fand er sie lebend, mit einem schönen Pelz bekleidet, mit einem kostbaren Brautschleier geschmückt, und daneben einen Korb mit reichen Geschenken. Kein Wort sprechend, legte er alles aufs Fuder, setzte sich mit der Tochter dazu und fuhr heim. Zu Hause angekommen, warf sich das Mädchen der Stiefmutter zu Füßen. Die Alte verwunderte sich, als sie das Mädchen lebendig sah und dazu den neuen Pelz und den Korb mit Wäsche erblickte. «He, du Hündin, mich betrügst du nicht!»

Nach einiger Zeit spricht das Weib zu ihrem Mann: «Bring doch auch meine Töchter zum Bräutigam. Er wird sie noch reicher beschenken!» Nicht so bald ist etwas getan, doch ein Märchen erzählt sich schnell. Eines Morgens gab die Alte ihren Kinderchen gut zu essen,

следует под венец нарядила и в путь отпустила. Старик тем же путём оставил девок под сосною. Наши девицы сидят да посмеиваются: «Что это у матушки выдумано — вдруг обеих замуж отдавать?

Разве в нашей деревне нет и ребят! Неровен черт приедет, и не знаешь какой!»

Девушки были в шубняках, а тут им стало зябко. «Что, Параха? Меня мороз по коже подирает. Ну, как суженый-ряженый не приедет, так мы здесь околеем». — «Полно, Машка, врать! Коли рано женихи собираются; а теперь есть ли и обед на дворе». — «А что, Параха, коли приедет один, кого он возьмёт?» — «Не тебя ли, дурище?» — «Да, мотри, тебя!» — «Конечно, меня». — «Тебя! Полное тебе цыганить да врать!»

Морозко у девушек руки ознобил, и наши девицы сунули руки в пазухи да опять за то же. «Ой ты, заспанная рожа, нехорошая тресся, поганое рыло! Прясть ты не умеешь, а перебирать и вовсе не смыслишь». — «Ох ты, хвастунья! А ты что знаешь? Только по беседкам ходить да облизываться. Посмотрим, кого скорее возьмёт!» Так девицы растабаривали и не в шутку озябли; вдруг они в один голос сказали: «Да кой хранци! Что долго нейдёт? Вишь ты, посинела!»

Вот вдалеке Морозко начал потрескивать и с ёлки на ёлку поскакивать да пощёлкивать.

schmückte sie, wie es sich gehört, mit Brautkränzen und entließ sie auf die Fahrt. Der Bauer brachte die Mädchen auf dem gleichen Wege unter die Kiefer. Da sitzen unsere Jungfrauen und schmollen: «Was hat sich Mütterchen da ausgedacht – uns beide auf einmal an den Mann zu bringen? Gibt es denn bei uns im Dorf keine jungen Männer? Hier kommt vielleicht ein häßlicher Teufel angefahren, und du weißt nicht, wer es ist!»

Die Mädchen hatten ihre Schafpelze an, doch hier wurde ihnen kalt. «Wie ist dir, Paracha? Mir geht der Frost an die Haut. Wenn nun der Bräutigam im Hochzeitsstaat nicht kommt, werden wir hier erfrieren.» – «Ach laß das Geschwätz, Maschka. Als ob sich Bräutigame früh auf den Weg machten! Und es gibt jetzt wohl gerade Mittagessen auf dem Hof.» – «Aber wie, Paracha, wenn nur einer kommt, welche von uns wird er nehmen?» – «Etwa dich, du Närrin?» – «Ach schau an, wohl dich?» – «Natürlich mich!» – «Dich! Jetzt hast du aber genug zigeunert und gelogen!» Väterchen Frost machte den Mädchen die Hände frieren, und unsere Jungfrauen steckten sie unter den Pelzaufschlag und fingen wieder an zu streiten. «Ach du verschlafene Fratze, du zänkische Dirne, du verdammte Schnauze! Zu spinnen verstehst du nicht, und das Ausbessern begreifst du nie!» – «Und du, Prahlerin! Was verstehst du denn? Nur in den Lauben herumlungern und dich ablecken lassen. Wir werden ja sehen, welche als erste genommen wird!» So redeten die Mädchen daher und froren, daß es schon kein Spaß mehr war. Plötzlich sagten sie, wie aus einem Munde: «So'n Lotterbube! Kommt immer noch nicht! Schau an, du bist schon ganz blau!»

Da fing Väterchen Frost an, von ferne zu knistern und zu schnalzen. Den Mädchen war es, als höre man jemand

Де́вицам послы́шалось, что кто́-то е́дет. «Чу, Пара́ха, уж е́дет, да и с колоко́льцом». — «Поди́ прочь, су́ка! Я не слы́шу, меня моро́з обдира́ет». — «А ещё за́муж наро́хтишься!» И на́чали па́льцы отдува́ть. Моро́зко все бли́же да бли́же; наконе́ц очути́лся на сосне́, над де́вицами. Он де́вицам говори́т: «Тепло́ ли вам, де́вицы? Тепло ли вам, кра́сные? Тепло́ ли, мои́ голу́бушки?» — «Ой, Моро́зко, бо́льно студёно! Мы замёрзли, ждем су́женого, а он, ока́янный, сги́нул». Моро́зко стал ни́же спуска́ться, пу́ще потре́скивать и ча́ще пощёлкивать. «Тепло́ ли вам, де́вицы? Тепло́ ли вам, кра́сные?» — «Поди́ ты к чёрту! Ра́зве слеп, вишь, у нас ру́ки и но́ги отмёрзли». Моро́зко ещё ни́же спусти́лся, си́льно приуда́рил и сказа́л: «Тепло́ ли вам, де́вицы?» — «Убира́йся ко всем черта́м в о́му́т, сгинь, ока́янный!» — и де́вушки окостене́ли.

Нау́тро стару́ха му́жу говори́т: «Запряги́-ка ты, стари́к, пошевёнки, положи́ оха́бочку се́нца да возьми́ шу́бное опаха́ло. Чай де́вки-то приозя́бли; на дворе́-то стра́шный моро́з! Да мотри́, воровей, ста́рый хрыч!» Стари́к не успе́л и переку́сить, как был уж на дворе́ и на доро́ге. Приезжа́ет за до́чками и нахо́дит их мёртвыми. Он в пошевёнки де́ток свали́л, опаха́лом заку́тал и рого́жкой закры́л. Стару́ха, уви́дя старика́ издалека́, навстре́чу выбега́ла и так его вопроша́ла: «Что де́тки?» — «В пошёвнях». Стару́ха рого́жку отверну́ла, опаха́ло сняла и де́ток мёртвыми нашла́.

heranfahren. «Horch, Paracha, er kommt schon gefahren, und mit Schellengeläut.» – «Ach geh, du Hündin! Ich höre nichts, mich kneift der Frost in die Haut.» – «Und bildest dir auch noch ein, geheiratet zu werden!» Und sie fingen an, auf die Finger zu blasen. Väterchen Frost kam näher und näher; schließlich erschien er auf der Kiefer über den Mädchen. Und er spricht zu ihnen: «Ist euch warm, ihr Mädchen? Ist euch warm, ihr Schönen? Ist euch warm, ihr meine Täubchen?» – «Ach Väterchen Frost, schrecklich kalt! Wir sind erstarrt, warten auf den Bräutigam, aber der verdammte Kerl bleibt verschwunden.» Väterchen Frost ließ sich niedriger herab, knisterte stärker und schnalzte mehr. «Ist euch warm, ihr Mädchen? Ist euch warm, ihr Schönen?» – «Pack dich zum Teufel! Bist du blind, siehst du nicht, daß uns Hände und Füße erfroren sind.» – Väterchen Frost ließ sich noch niedriger herab, schlug hart zu und sagte: «Ist euch warm, ihr Mädchen?» – «Scher dich zu allen Teufeln im tiefsten Sumpf, du verfaulter Dreck, du verdammter!» – und die Mädchen erstarrten.

Morgens spricht die Bäuerin zu ihrem Mann: «Alter, spann den breiten Schlitten an, leg einen Armvoll Heu darauf und nimm die Pelzdecke mit. Die Mädchen werden gefroren haben, es ist strenger Frost draußen! Aber sieh zu, mach schnell, alter Knacker!» Der Alte hatte noch keinen Happen gegessen, als er schon draußen und unterwegs war. Kommt bei den Mädchen an und findet sie als Tote. Er wälzte die Kinderchen auf den Schlitten, wickelte sie in die Pelzdecke ein und breitete eine Bastmatte darüber. Die Bäuerin erblickte den Alten von weitem, lief ihm entgegen und fragte aufgeregt: «Wo sind die Kinderchen?» – «Im Schlitten.» Die Frau hob den Bast ab, schlug die Pelzdecke auf und fand ihre Kinderchen tot daliegen.

Тут стару́ха как гроза́ разрази́лась и старика́ разбрани́ла: «Что ты наде́лал, ста́рый пес? Уходи́л ты мои́х до́чек, мои́х кро́вных де́точек, мои́х ненагля́дных се́мечек, мои́х кра́сных я́годок! Я тебя́ ухва́том прибью́, кочерго́й зашибу́!» — «По́лно, ста́рая дрянь! Вишь, ты на бога́тство польсти́лась, а де́тки твои упря́мицы! Коли́ я винова́т? Ты сама́ захоте́ла». Стару́ха посерди́лась, побрани́лась, да по́сле с па́дчерицею помири́лась, и ста́ли они́ жить да быть да добра́ нажива́ть, а ли́ха не помина́ть. Присва́тался сусе́д, сва́дебку сыгра́ли, и Марфу́ша счастли́во живе́т. Стари́к внуча́т Моро́зком страща́л и упря́миться не дава́л. Я на сва́дьбе был, мед-пи́во пил, по усу́ текло́, да в рот не попа́ло.

Und nun entlud sich die Bäuerin wie ein Donnerwetter über ihrem Alten und schimpfte ihn aus: «Was hast du angerichtet alter Hund! Hast meine Töchterchen umgebracht, meine leiblichen Kinderchen, meine unvergleichlichen Saatkörnchen, meine schönen Beerchen! Ich werde dich mit der Ofengabel verhauen, werde dich mit dem Feuerhaken erschlagen!» – «Schweig, alter Dreck! Du hattest Gelüste nach Reichtum, und deine Kinderchen waren eigensinnig! Bin denn ich daran schuld? Du hast es selber gewollt.» Die Alte erboste sich, schimpfte sich aus, aber zuletzt machte sie Frieden mit der Stieftochter, und sie lebten weiter, erwarben sich Besitz und dachten nicht mehr an früheres Leid. Der Nachbar trat als Freier auf, die Hochzeit wurde gefeiert, und Marfuscha lebt im Glück. Der alte Bauer droht den Enkeln mit dem Väterchen Frost und läßt sie nicht ungezogen werden. Ich war auf der Hochzeit, hab Honigwein und Bier getrunken, es lief am Bart herunter, ist nicht in den Mund gelangt.

Ска́зка о бессча́стном стрелке́

Жил-был стрело́к. Когда́ ни случа́лось, что в лес он пойде́т стреля́ть птиц, все не́ было уда́чи, возвраща́лся в свой дом с пусты́м мешко́м и про́зван был Бессча́стным стрелко́м. Дошло́ до того́ у стрелка́, что не оста́лось ни хле́ба в суме́, ни гроша́ в котоме́. Бе́дный Бессча́стный тро́е су́ток не ел, по лесу́ бродя́; дрожа́л от хо́лода, и пришло́ ему́ хоть умира́ть с го́лода. Лег он на траве́, сбира́ясь наце́лить ружье́ себе́ в лоб; но перекрести́лся, останови́лся, отбро́сил ружье́, и вдруг он услы́шал шо́рох при ветерке́, ше́пот невдалеке́.

Ше́пот выходи́л, каза́лось, из густо́й лесно́й травы́. Встал стрело́к и, подойдя́ к тому́ ме́сту, наклони́лся; уви́дел, что трава́ закрыва́ла глубо́кую про́пасть, из той про́пасти вы́сунулся ка́мень, а на ка́мне кубы́шечка лежа́ла. Тут стрело́к услы́шал сла́бый го́лос: «До́брый челове́к про-
104 хо́жий! Освободи́ меня́».
105 Тот го́лос выходи́л из кубы́шечки, и стре-

Das Märchen vom Glücklosen Schützen

Es lebte einmal ein Schütze. Wann immer er in den Wald ging, Vögel zu schießen, nie hatte er Erfolg, stets kehrte er mit leerem Sack in sein Haus zurück und wurde darum der Glücklose Schütze genannt. Es kam so weit mit dem Schützen, daß er kein Brot mehr im Beutel und keinen Groschen in der Tasche hatte. Der arme Glücklose hatte schon drei Tage nichts gegessen, während er durch den Wald irrte, er zitterte vor Kälte und war nah daran, vor Hunger zu sterben. Er lag auf dem Grasboden und war schon bereit, sich selber mit der Flinte in die Stirn zu zielen; doch er hielt noch ein, bekreuzigte sich, warf die Flinte von sich, und plötzlich hörte er ein Rascheln im Luftzug, ein Flüstern in seiner Nähe. Das Flüstern schien aus dem dichten Gras des Waldbodens zu kommen. Der Schütze stand auf, näherte sich der Stelle und beugte sich vor; da sah er, daß das Gras einen tiefen Abgrund verdeckte, aus diesem Abgrund ragte ein Stein hervor, und auf dem Stein lag ein tönernes Krüglein. Nun hörte der Schütze eine schwache Stimme: «Guter Mensch, der du des Weges kommst, befreie mich!»

Diese Stimme kam aus dem Krüglein, und der Schütze

ло́к, неустраши́мо с ка́мня на ка́мень ступа́я, над про́пастью сам очути́лся: взял он кубы́шечку ти́хо и слы́шит — в кубы́шечке го́лос, сло́вно кузне́чик, стреко́чет: «Освободи́ ты меня́! Я тебе́ послужу́». — «Кто ты, дружо́к?» — спроси́л Бессча́стный стрело́к и слы́шит шепот в отве́т: «Мне и́мени нет, и меня́ глаза́ не ви́дят, а кличь, если хо́чешь: Му́рза! Чудоде́й-чароде́й посади́л меня́ в э́ту кубы́шку и, запеча́тав Соломо́новым пе́рстнем, бро́сил сюда́, и лежа́л я здесь се́мьдесят лет, пока́ ты не прише́л». — «Хорошо́, — сказа́л Бессча́стный стрело́к, — вы́пущу тебя́ на во́лю; посмотрю́, как исполня́ешь, что ты обеща́ешь». Стрело́к сорва́л печа́ть и раскры́л кубы́шку, но в ней ничего́ не вида́л. «Эй, где ж ты, прия́тель?» — спроси́л Бессча́стный стрело́к. «Во́зле тебя́», — кто́-то ему́ отвеча́л. Стрело́к огляну́лся вокру́г, но во́зле него́ нет никого́! «Эй, Му́рза!» — «Что прика́жешь? Я слуга́ тебе́ на три дня и все, чего хо́чешь, доста́влю; мо́лви то́лько: поди́ туда́ — не зна́ю куда́ и принеси́ то — не зна́ю что!» — «Хорошо́, — сказа́л стрело́к, — ви́дно, ты лу́чше зна́ешь, что на́добно; поди́ туда́ — не зна́ю куда́, принеси́ то — не зна́ю что!»

Лишь то́лько мо́лвил Бессча́стный стрело́к, как гляди́т — отку́да ни взя́лся стол на лугу́, таре́лки и блю́да из травы́ налете́ли, вся́ким ку́шаньем по края́ по́лны, как бу́дто бы с ца́рского пи́ра. Стрело́к сесть за стол спеши́л, го́лод утоли́л, встал, помоли́лся, на о́бе стороны́ наклони́лся и мо́лвил: «Спаси́бо!»

befand sich, indem er furchtlos von einem Stein auf den anderen trat, bald selber dicht über dem Abgrund. Er ergriff das Krüglein vorsichtig, und nun hört er: im Krüglein ist eine Stimme, die fast wie eine Heuschrecke zirpt: «Befreic du mich! Ich werde dir dienen.» – «Wer bist du, Freundchen?» fragte der Glücklose Schütze und hörte ein Flüstern als Antwort: «Ich habe keinen Namen, und Augen können mich nicht sehen, aber rufe mich, wenn du willst, Murza! Ein Wundertäter-Zauberer hat mich in dieses Krüglein gesetzt, es mit dem salomonischen Siegel verschlossen und hierher geworfen, und hier habe ich siebzig Jahre gelegen, bis du gekommen bist.» – «Gut», sagte der Glücklose Schütze, «ich werde dich freilassen und zusehen, wie du erfüllen wirst, was du verspricht!» Der Schütze riß das Siegel ab und öffnete das Krüglein erblickte aber nichts darin. «He, Freund, wo bist du denn», fragte er. «Neben dir», antwortete ihm jemand. Der Schütze schaute rund um sich, aber neben ihm war niemand. «He, Murza!» – «Was befiehlst du? Ich bin dein Diener für drei Tage, und alles, was du willst, werde ich dir beschaffen. Sprich nur so: ‹Geh dorthin, ich weiß nicht wohin, und bringe das, ich weiß nicht was!›» – «Gut», sagte der Schütze, «wie man sieht, weißt du besser, was nötig ist. Geh hin, ich weiß nicht wohin, und bring mir, ich weiß nicht was!»

Kaum hatte der Glücklose Schütze dies gesagt, als er sah, daß sich plötzlich ein Tisch auf der Wiese befand und Teller und Schüsseln aus dem Gras auf ihn geflogen kamen, von allerlei Speisen bis an den Rand gefüllt, wie bei einem Fest des Zaren. Der Schütze setzte sich schnell an den Tisch zum Essen, stillte seinen Hunger, erhob sich, betete, verneigte sich nach beiden Seiten und sagte: «Danke!»

Стол исчез, как не бывало; а стрелок свой путь продолжал. Дорогою стрелок приустал, а на ту пору шел через лес плутоватый цыган и коня продавал. «Вот если бы деньги, купил бы я лошадь, — подумал Бессчастный стрелок, — хорошо бы, когда б не был тощ кошелек. Дай скажу приятелю . . . Мурза!» — «Что угодно?» — «Поди туда — не знаю куда, принеси то — не знаю что!» Не прошло минуты, как стрелок послышал бренчанье денег в суме своей; невидимо откуда в нее золото сыпалось. «Спасибо на слове без обмана!» — сказал стрелок и стал торговать коня у цыгана. Купив коня, начал отсчитывать деньги; а цыган, разинув рот, дивовался, сколько в суме у стрелка было золота.

Отъехав от стрелка, плутоватый цыган зашел в лес и свистнул. На свист не отвечали. «Видно, спят!» — подумал цыган и вошел в пещеру, в которой разбойники отдыхали, на разостланных кожах лежали. «Что, братцы, спите? Шевелитесь, встряхнитесь, — крикнул он, — а не то прозеваете сокола; сам-один в лесу, а сума набита золотом. Вставайте скорей!» Разбойники на коней и за стрелком поскакали. Слышит топот Бессчастный стрелок, видит он, что скачут на него со всех сторон, и крикнул: «Мурза!» — «Я здесь!» — услышал он возле себя. «Поди туда — не знаю куда!» И вот смотрит стрелок — в лесу зашу-
108 мело и на разбойников что-то налетело из-
109 за деревьев; одного взбросит, другого вски-

Der Tisch verschwand, als wäre er nie dagewesen. Der Schütze aber setzte seinen Weg fort. Unterwegs wurde er müde, und just da kam ein Spitzbube-Zigeuner durch den Wald und führte ein Pferd zum Verkauf mit sich. «Hätte ich Geld, würde ich jetzt das Pferd kaufen», dachte der Glücklose Schütze, «es wäre schon gut, wenn der Beutel nicht leer wäre. Also will ich's mal meinem Freunde sagen... Murza!» – «Was wünschst du?» – «Geh hin, ich weiß nicht wohin, bring mir, ich weiß nicht was!» Es war keine Minute vergangen, als der Schütze schon das Geld in seinem Beutel klimpern hörte; unsichtbar woher, wurde dieser mit Gold gefüllt. «Danke für das gehaltene Versprechen», sagte der Schütze und fing an, mit dem Zigeuner um das Roß zu handeln. Nachdem er es gekauft hatte, begann er das Geld abzuzählen; der Zigeuner aber riß den Mund auf vor Staunen darüber, wieviel Geld der Schütze in seinem Beutel hatte.

Als der Spitzbube-Zigeuner sich weiter vom Schützen in den Wald entfernt hatte, tat er einen lauten Pfiff. Aber auf den Pfiff kam keine Antwort. «Sie schlafen wohl», dachte der Zigeuner und kroch in die Höhle, in der die Räuber auf ausgebreiteten Fellen lagen. «Was schlaft ihr, Brüder? Erhebt euch, ermannt euch», schrie er, «sonst verfehlt ihr den Falken, der allein im Walde ist, die Tasche voll Gold. Schnell auf!» Die Räuber warfen sich auf die Pferde und sprengten dem Schützen nach. Der Glücklose Schütze hört das Stampfen der Hufe, er sieht sie von allen Seiten auf sich zu jagen, und er ruft: «Murza!» – «Hier bin ich», hört er neben sich. – «Geh hin, ich weiß nicht wohin!» Und schon sieht der Schütze: im Walde rauscht es, und etwas kommt aus den Bäumen auf die Räuber zu geflogen: manchen wirft es hoch, manchen schleudert es herab; aber

нет; а кто нападает — никого не видать! Разбойники попадали с коней, не могли и подняться с земли; а стрелок дальше поехал, песню напевая да присвистывая, из тёмного леса в чистое поле и добрался полем до города.

Под городом шатры раскинуты, стоит в шатрах дружина ратная. На вопрос стрелку отвечали, что под город тогда подступала татарского хана несметная сила; сватался хан за царевну Миловзору Прекрасную; рассердясь за отказ, пришёл под царство с татарами. Бывало, Бессчастный стрелок на охоте видал Миловзору; царевна на статном коне скакала с копьем золотым; колчан, полный стрел, за плечами блестел; а откинет с лица покрывало, то солнышком вёшним сияла — очам светло и душе тепло!

Стрелок призадумался, кликнул: «Мурза!» И вмиг очутился в наряде богатом, сукно стало бархат, кафтан облит златом, с плеча епанча, колпак — шишаком, с шишака развеваются перья страуса-птицы, а прикреплены запонкой, в той запонке яхонты, вкруг яхонтов жемчуги. И стрелок во дворец, стоит пред царем и сам весть подаёт, что пришёл отразить силу вражескую, если царь согласится выдать за него царевну Миловзору Прекрасную.

Царь удивился, отказать не решился и спросил незнакомца об имени, роде и владеньях его. «Я называюсь Бессчастный стре-

wer sie angreift, das ist nicht zu sehen! Die Räuber fielen von den Pferden, konnten sich nicht mehr vom Boden erheben. Der Schütze aber ritt weiter, ein Liedchen singend und sich eins pfeifend, kam aus dem finstern Wald ins freie Feld und über das Feld bis an die Stadt.

Vor der Stadt ist ein Zeltlager aufgeschlagen, und im Lager liegt ein Kriegsheer. Auf seine Frage wurde dem Schützen geantwortet, daß die Stadt vom unzählbaren Heer des tatarischen Chans belagert werde; der Chan habe um die Zarentochter Milowzora die Schöne gefreit; erbost über die Absage, sei er mit seinen Tataren in das Zarenreich eingerückt. Schon früher einmal hatte der Glücklose Schütze auf der Jagd Milowzora gesehen; die Zarentochter war mit einem goldenen Speer auf einem stattlichen Roß daher gesprengt; der Köcher voll Pfeile hatte blank an ihrer Schulter geglänzt; und wenn sie den Schleier zurückwarf, hatte ihr Angesicht aufgeleuchtet wie ewiger Sonnenschein – die Augen blendend, die Seele erwärmend! Der Schütze überlegte, dann rief er «Murza!» Und im gleichen Augenblick fand er sich reich gekleidet, das Tuch in Sammet verwandelt, den Kaftan von Gold überzogen, um die Schultern ein schöner Umhang, ein Helm mit Spitze, von der Spitze wehende Federn des Vogel Strauß, mit einem Knopf befestigt, auf dem Knopf Edelsteine, um die Edelsteine Perlen. Und der Schütze betritt den Zarenpalast, steht vor dem Zaren und bringt ihm die Kunde, daß er gekommen sei, die feindliche Macht zurückzuschlagen, wenn der Zar zusage, ihm die Zarentochter Milowzora die Schöne zur Frau zu geben.

Der Zar verwunderte sich, aber abzulehnen entschloß er sich nicht, und er fragte den Unbekannten nach Namen, Herkunft und Besitz. «Ich heiße der Glücklose Schütze

ло́к, повели́тель Му́рзы неви́домого». Царь поду́мал: не ре́хнулся ль молоде́ц, хоть и с ви́ду удале́ц? Но придво́рные вида́ли Бесча́стного и сказа́ли царю́, что пришле́ц незнако́мый похо́дит лицо́м на Бессча́стного стрелка́, но неве́домо, отку́да да́лся ему́ клад. Тогда́ царь сказа́л стрелку́: «Слы́шишь, что говоря́т? Если лгал пре́до мно́ю, то прости́сь с голово́ю. Посмотрю́ я, как с невиди́мкой Му́рзой ты начне́шь с неприя́телем бой″. —

«Царь-наде́жа! — стрело́к отвеча́л. — Я лишь сло́во скажу́ — все гото́во!» — «Погляди́м, — мо́лвил царь, — е́сли пра́вду сказа́л, отда́м тебе́ дочь, и́ли го́лову прочь». А стрело́к себе́ гада́л: ли́бо пан, ли́бо пропа́л, и шепну́л: «Му́рза! Поди́ туда́ — не зна́ю куда́, сде́лай то — не зна́ю что».

Прошло́ не́сколько мину́т, ничего́ не́ было ни слы́шно, ни ви́дно. Стрело́к побледне́л, гне́вный царь повеле́л закова́ть стрелка́ в це́пи́, как вдруг разда́лись пред дворцо́м и пальба́ и стрельба́; царь и придво́рные на крыльцо́ побежа́ли.

Не четы́ре реки́ вытека́ли, а с пра́вой и с ле́вой руки́ шли полки́ со знаме́нами стро́ем, отдава́ли честь бо́ем; все красо́й удивля́ло, войска́ тако́го и у царя́ не быва́ло. Царь не ве́рил глаза́м. «Нет тут оши́бки, э́то полки́ невиди́мки!» — мо́лвил Бессча́стный стрело́к. «Пусть же прого́нят враго́в, чтоб си́лы проти́вной не оста́лось следо́в!» Стрело́к

und befehlige Murza den Unsichtbaren.» Der Zar dachte, ob der brave Bursche nicht vielleicht den Verstand verloren habe, trotz seiner kühnen Erscheinung. Aber die Hofleute hatten den Glücklosen schon früher gesehen und sagten dem Zaren, daß der unbekannte Ankömmling von Angesicht dem Glücklosen Schützen gleiche, aber offenbar, niemand weiß woher, über einen heimlichen Schatz verfüge. Da sagte der Zar dem Schützen: «Hörst du, was man über dich spricht? Hast du mich belogen, dann nimm Abschied von deinem Kopf. Ich will sehen, wie du mit deinem unsichtbaren Murza den Kampf mit den Feinden aufnimmst.» – «Zar Hoffnung», antwortete der Schütze, «ich brauche nur ein Wort zu sprechen, und alles ist bereit.» – «Sehen wir zu», sagte der Zar, «hast du die Wahrheit gesprochen, so gebe ich dir die Tochter, sonst aber: Kopf ab.» Aber der Schütze setzte darauf: entweder Herr oder verloren sein, und flüsterte: «Murza, geh hin, ich weiß nicht wohin, mach das, ich weiß nicht was.»

Es vergingen einige Minuten, nichts war zu hören oder zu sehen. Der Schütze erbleichte, der erzürnte Zar befahl, ihn in Ketten zu legen, als plötzlich vor dem Palast ein Feuern und Schießen losging; und der Zar und seine Höflinge eilten auf die Freitreppe hinaus. Es waren keine vier Ströme, die da zusammenflossen, sondern es marschierten von rechts wie von links Regimenter mit ihren Fahnen geschlossen heran und salutierten in Schlachtordnung; und das alles war unbeschreiblich schön, ein solches Heer hatte auch der Zar selbst nie gehabt. Der Zar traute kaum seinen Augen. «Nein, es ist kein Irrtum, das sind die Truppen des Unsichtbaren», sagte der Glücklose Schütze. – «So laß sie die Feinde vertreiben, daß von ihrer Macht keine Spuren bleiben!» Der Schütze winkte mit einem

махнул платком, воины налево кругом; марш походный заиграл; поднялся туман, полки вскачь летят, а очистился туман — как и не было их! Позвали стрелка к обеду, в царскую беседу, и расспрашивал царь о Мурзе-невидимке. Лишь обед начался, за второй сменой блюд весть пришла, что неприятель бежит, наголову разбит; татары от города, как птицы от холода, в страхе летели, шатры опустели.

Царь стрелка благодарил, дочери объявил, что нашел ей жениха. Миловзора, услышав, смутилась, покраснела, в лице изменилась,слезки из глаз побежали, жемчугом падали, алмазом сверкали; стрелок, сам не свой, что-то шептал про себя . . . Бросились придворные слезки подбирать — всё алмазы да жемчуги! Миловзора рассмеялась и руку стрелку подала; сама она — радость, в глазах ее — ласка. Тут пир начался, и кончилась сказка.

Tuch, die Krieger machten links um, Marschmusik erklang; ein Nebel erhob sich, die Regimenter stürmen im Angriff dahin, der Nebel verwehte – und es war, als seien sie nie dagewesen! Der Schütze wurde zum Mittagessen, zum Gespräch mit dem Zaren eingeladen. Und der Zar fragte ihn aus über Murza den Unsichtbaren. Das Essen hatte kaum begonnen, nach dem zweiten Gang kam schon der Bericht, daß der Feind, aufs Haupt geschlagen, das Weite gesucht; die Tataren sind vor der Stadt auf der Flucht wie die Vögel vor der Kälte, und leer stehen die Zelte. Der Zar sagte dem Schützen seinen Dank, und der Tochter gab er bekannt, daß er ihr den Bräutigam gefunden habe. Milowzora hörte es an, geriet in Verwirrung, errötete, ihre Miene veränderte sich, die Tränen liefen ihr aus den Augen, fielen als Perlen herab, funkelnd wie Diamanten. Der Schütze, seiner selbst nicht sicher, flüsterte etwas vor sich hin... Die Höflinge stürzten herbei, die Tränen aufzusammeln – alles Perlen und Diamanten! Milowzora fing an zu lachen und reichte ihre Hand dem Schützen; selber ist sie reine Freude, in ihren Augen steht nichts als Zärtlichkeit. So begann das Fest, und so endet das Märchen.

Nachwort

Die Texte dieses Bändchens sind der Sammlung russischer Volksmärchen entnommen, die von A. N. Afanasjew erstmals im Jahre 1854 in Moskau herausgegeben und seitdem in mehreren Neuausgaben unverändert wieder aufgelegt wurde. Uns stand die Ausgabe des Russischen Staatsverlages von 1957 zur Verfügung. Darin sind die Anmerkungen über den Ursprung der einzelnen Märchen enthalten, die zum Teil vom Herausgeber selbst, zum größeren Teil aber schon von älteren Sammlern in der ersten Hälfte des 19. Jahrhunderts nach mündlichen Überlieferungen aufgezeichnet worden sind. Als besonders reichhaltiges Material erwähnt Afanasjew in seinem Vorwort die über tausend Märchen-Aufzeichnungen von W. I. Dal, der auch eine große Sammlung der Sprichwörter des russischen Volkes angelegt hatte (vgl. dtv 9015 Russische Sprichwörter). Alle Manuskripte dieser Art sind im ethnographischen Archiv der Russischen Geographischen Gesellschaft verwahrt und haben dem Herausgeber Afanasjew vorgelegen.

Die Frage nach dem wirklichen Alter der im Volksmund entstandenen Märchen ist schwer zu beantworten. Die sprachliche Fassung zur Zeit der ziemlich spät erfolgten schriftlichen Fixierung bietet kaum Anhaltspunkte, weil sie sich im Laufe der mündlichen Weitergabe durch viele Generationen natürlich verändert hat. Die festgehaltene Sprachform spiegelt nach Meinung des Herausgebers mehr regionale als zeitbedingte Unterschiede. Auch der Inhalt der Erzählungen hat oft im Laufe der Zeit Verschiebungen erfahren, wie die von Afanasjew wiedergegebenen Varianten der einzelnen Märchen erkennen lassen. In allen

Fassungen aber finden sich einzelne sehr altertümliche Ausdrücke, Zaubersprüche und Hexenformeln oder Benennungen der auftretenden Gestalten, die auf eine Herkunft aus früher, wohl auch vorchristlicher Zeit schließen lassen.

In unserer Auswahl haben wir versucht, den großen Reichtum des russischen Märchenschatzes anzudeuten. Die einzelnen Stücke stammen aus verschiedenen Teilen Rußlands und unterscheiden sich sowohl im Gehalt ihrer Themen wie in der Ausdrucksweise, die von feiner Poesie bis zum derben Realismus reicht. Die sprachliche Nuancierung kommt in der Übersetzung notwendigerweise zu kurz. Soll der Wortsinn genau getroffen werden, ist es meist nicht möglich, dem Wohlklang des russischen Textes eine lautliche Entsprechung gegenüberzustellen. Manche Wortbildungen verlieren in der Übersetzung leider ihren «Märchenton». Vielfach findet sich im Original auch ein Spiel mit Reimen an den Satzenden, wie es in einer wortgerechten Übersetzung nicht nachgeahmt werden kann. Dagegen haben wir bis an die Grenze des sprachlich Möglichen die zahlreichen Diminutive, die für das volkstümliche Russisch sehr charakteristisch sind, beibehalten, und ebenso den häufigen Wechsel der Erzählzeit, so ungewohnt das im Deutschen ist.